手タイプ（麗《うらら》メイク）

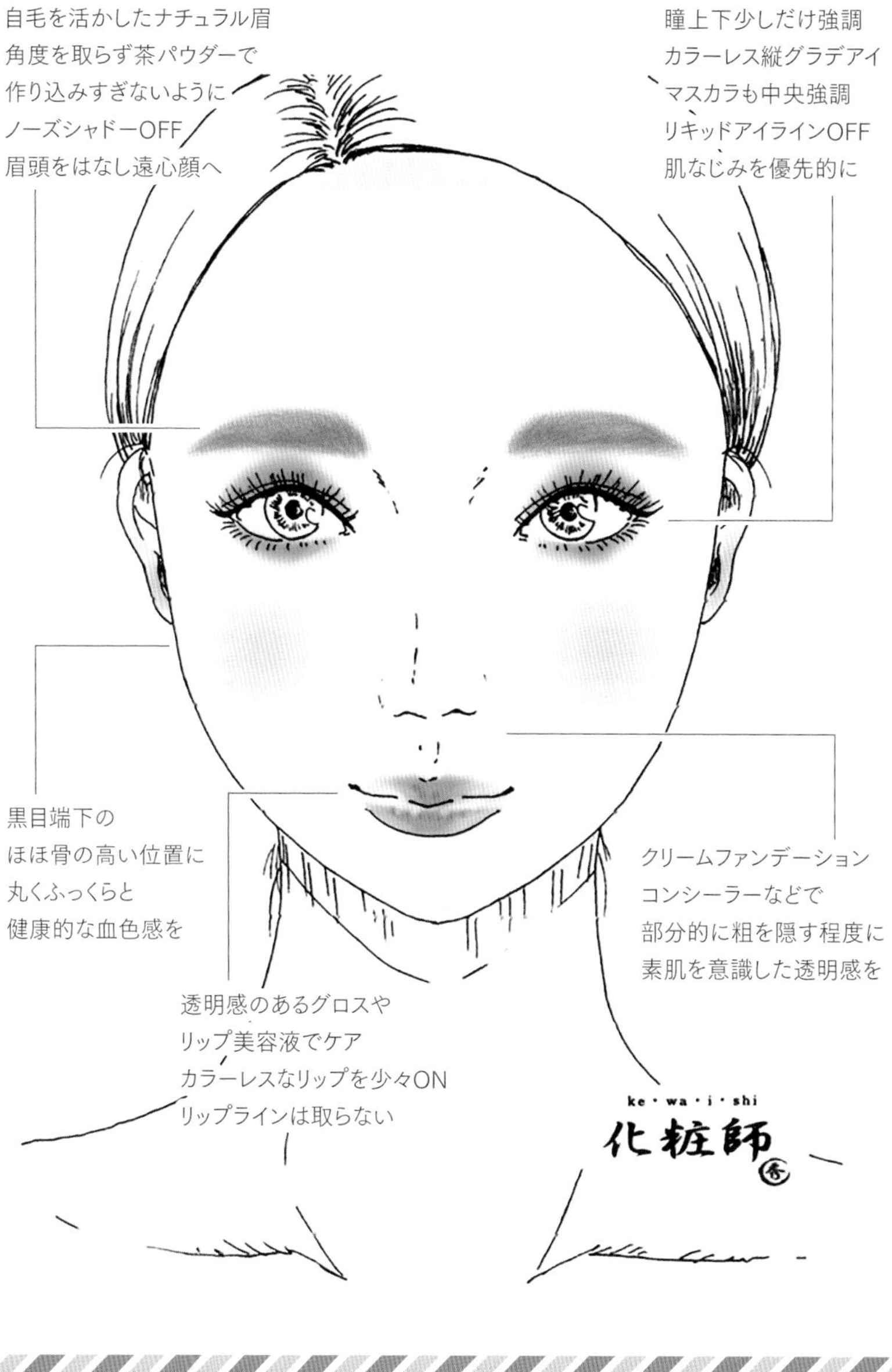
自毛を活かしたナチュラル眉
角度を取らず茶パウダーで
作り込みすぎないように
ノーズシャドーOFF
眉頭をはなし遠心顔へ
瞳上下少しだけ強調
カラーレス縦グラデアイ
マスカラも中央強調
リキッドアイラインOFF
肌なじみを優先的に
黒目端下の
ほほ骨の高い位置に
丸くふっくらと
健康的な血色感を
クリームファンデーション
コンシーラーなどで
部分的に粗を隠す程度に
素肌を意識した透明感を
透明感のあるグロスや
リップ美容液でケア
カラーレスなリップを少々ON
リップラインは取らない
ke・wa・i・shi
化粧師

目タイプ（艶《つや》メイク）

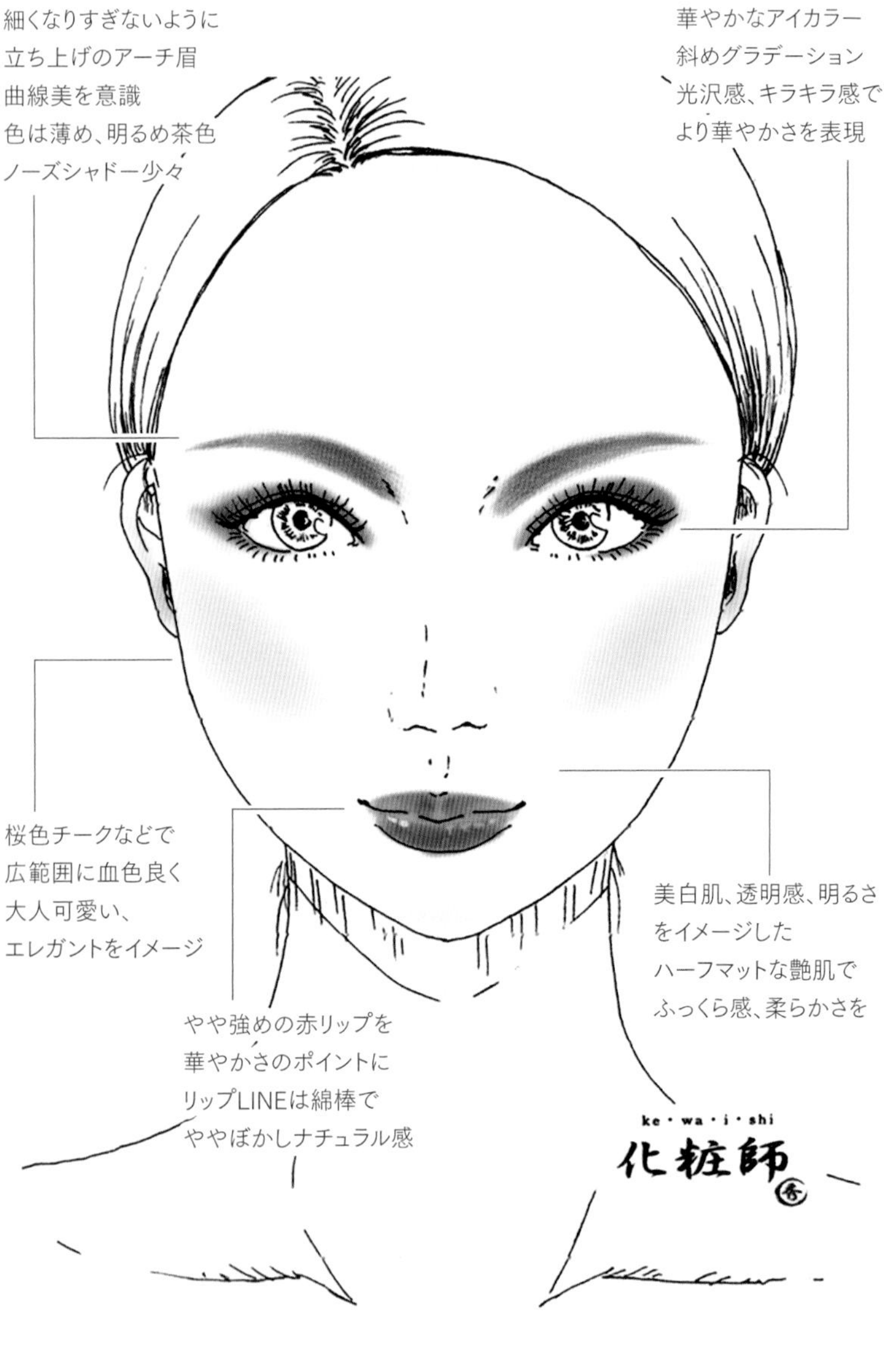
細くなりすぎないように
立ち上げのアーチ眉
曲線美を意識
色は薄め、明るめ茶色
ノーズシャドー少々
華やかなアイカラー
斜めグラデーション
光沢感、キラキラ感で
より華やかさを表現
桜色チークなどで
広範囲に血色良く
大人可愛い、
エレガントをイメージ
美白肌、透明感、明るさ
をイメージした
ハーフマットな艶肌で
ふっくら感、柔らかさを
やや強めの赤リップを
華やかさのポイントに
リップLINEは綿棒で
ややぼかしナチュラル感
ke・wa・i・shi
化粧師

耳タイプ（凛《りん》メイク）

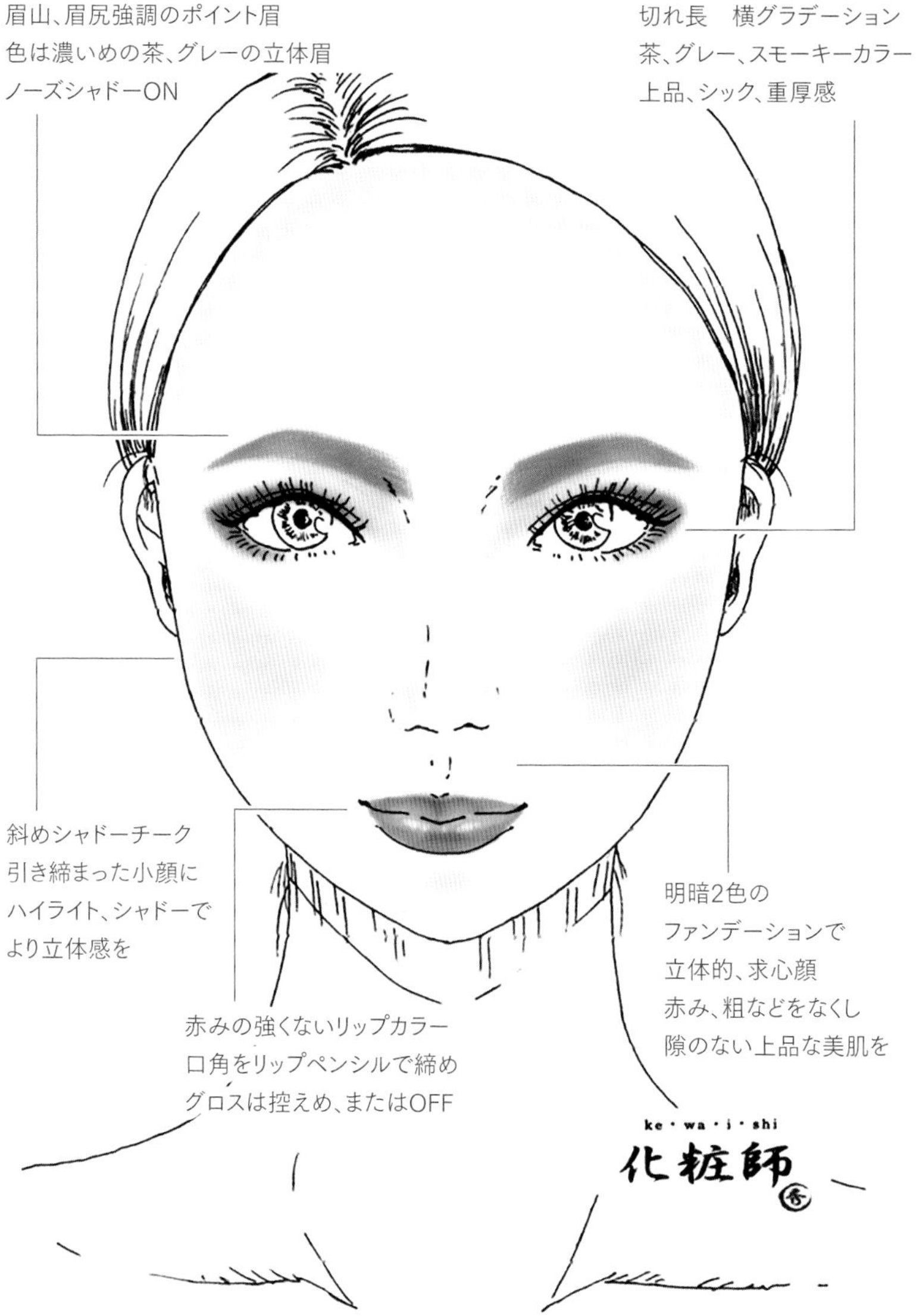
眉山、眉尻強調のポイント眉
色は濃いめの茶、グレーの立体眉
ノーズシャドーON
切れ長　横グラデーション
茶、グレー、スモーキーカラー
上品、シック、重厚感
斜めシャドーチーク
引き締まった小顔に
ハイライト、シャドーで
より立体感を
明暗2色の
ファンデーションで
立体的、求心顔
赤み、粗などをなくし
隙のない上品な美肌を
赤みの強くないリップカラー
口角をリップペンシルで締め
グロスは控えめ、またはOFF
ke・wa・i・shi
化粧師

アイメイク基本パターン

【耳タイプ】
ダークカラーで切れ長、
横グラデーションでWライン

【目タイプ】
華やかなアイシャドーで
斜めグラデーションで強調

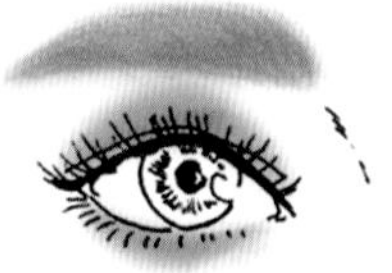

【手タイプ】
カラーレスアイシャドーで
瞳上下を縦グラデーションで強調

アイメイク応用編

パッチリ目はグラデーション！

① アイホール全体に薄めのシャドーを
② 二重の部分に中間色、上に向かってぼかす
③ 目の際に濃い色を上にぼかす

立体目はメリハリ！

くぼみ目の方に

① 目頭と目尻にダークシャドーを
② 目の中央にハイライトを入れる
③ ライン、マスカラなど中央を強調する

切れ長目はWライン！

一重、はれぼったい
目の方に

① 眉までのまぶた全体にハイライトを
② アイホールのくぼみと目の際にシャドーを
線の様に入れ目尻でつなげる
③ ライン、マスカラは目尻を強調する

Kewaishi HIDE
化粧師 秀

決め手は1ミリ！美眉メイク

潜在意識から美しくなる魔法の化粧《けわい》術

Clover
クローバー出版

まえがき――眉一ミリで、メイクも人生も変わります

初めまして、化粧師秀《けわいしひで》と言います。

「決め手は1ミリ！　美眉メイク」。そんなたった一ミリのメッセージをも見逃さずに、この本を手に取っているあなたなら、もうすでにおわかりだと思います。眉ひとつで随分と印象が変わるからこそ頑張って描いてみたい。けれどこれが難しく、時間のない朝には面倒で、つい惰性で済ませているのではないでしょうか。

メイクで悩んでいる三〇歳以上の一〇〇人に、「あなたにとってメイクとは？」とアンケートをとったところ、

①面倒なもの26人　②なくてはならないもの24人　③迷い多きもの21人
④楽しいもの11人　⑤単に生活の一部8人　⑥ワクワクするもの7人
⑦不安なもの2人　⑧あまり興味がない1人　でした。
また最も悩んでいるパーツメイクは？　①ベースメイク44人　②眉メイク31人
③アイメイク22人　④チークメイク2人　⑤リップメイク1人　でした。

ベースメイクは、スキンケアなどの肌の悩みも含まれるので多いのはわかりますが、小さなパーツだけで見ると、やはり眉メイクがダントツです。メイクが面倒なもの、迷い多きものなどの感じ方を見ると、やはり眉メイクを迷わず、簡単にできれば、今よりも随分とメイクに自信が持て、楽しくなるのではないでしょうか？

本書では、今までメイクを「難しい、面倒！」と感じ、眉でつまずいてメイクが楽しめない、メイクに自信がない、メイクに迷いがあるという人のために、心理学、コミュニケーション学や脳科学、そして印象学などを融合した考えに基づいて、周りの人たちを羨むことなく、自分は自分らしく、主体的にメイクを楽しむ方法を解説します。

もし、ここまで読んでいただいて、「いやいや、メイクを難しいとは思わないし、面倒とも思わない。毎朝ワクワク楽しめているし、いつも流行を追うのが私流で、メイクに自信がある」という方は、スルーしてください。

僕は、メイクが決まらない原因は潜在意識にあると思っています。ほとんどの日本人女性がこの事実に気づかないまま、氾濫した情報に踊らされつつ、不安や迷いを抱えてモヤモヤしながらメイクを続けています。

もし、**本質的なメイクを学ぶことで、様々なトラブルの原因となっている潜在意識にアプローチすることができ、しかもそれがたった一ミリの眉からできたなら**。本書では、「平成の化粧師」と言われたカリスマメイクアップアーティストが明かす、**「人生まで変えてしまうメイクアップ術」**のすべてをお伝えします。

メイクの傾向を大きく分けると三つの顔があります。「地味やね！」「派手やね！」「怖いね！」と周りから言われたことがある人は実感しているはずです。本人は、気づかずしてそのどれかのタイプで長年メイクをしてきています。それがさも自然なことで「自分らしさ」だと決め込んで固執《こしつ》している人が多いのです。

しかし印象分析やコミュニケーション、脳タイプの観点からすると、マイナス印象のほうが大きいのです。

せっかく自分らしさにこだわるなら、「魅力的ですね！」と言ってもらえる大人のメイク（雰囲気も良く、華やかさがあり、上品で聡明さがあるメイク）の本質である、潜在意識にアプローチする池端式メイクをぜひ学んでみてください。これであなたも流行に踊らされず、あなたはあなたらしく、もう決して迷わない、自信の持てるメイクを体験することができるでしょう。

Contents

第1章 どうしてあなたのメイクは決まらないのか？

第2章

池端式メイクなら潜在意識から美しくなれる

第3章

基本はたった三つのタイプを知るだけ

第4章

本当に人生が変わった女性たち

第5章

より美しく、幸せになるためのヒント

第1章

どうして
あなたのメイクは
決まらないのか？

メイクはあなたの潜在意識が影響している

今のあなたのメイクやお顔に対する考え方を少し見直すだけで、自然と今以上に美しくなり、メイクにも迷いがなくなって自信が持て、しかも素敵な人とのご縁があったり、楽しい時間が増えていくとしたら、素晴らしいと思いませんか？

もしそう思っていただけるなら、まず僕の話に耳を傾けてみませんか？　そして一度、今まで行ってきたメイク方法やメイクの考え方を少しずつ断捨離してみてほしいのです。

そこであなたに三つの質問です。

①メイクにかかる時間は何分ですか？
②メイクをしながら何を考えていますか？
③メイク後、鏡に映る自分に何と話しかけていますか？

メイク時間については、人によってまちまちですし、心にゆとりがある日とない日ではかなりの差が出ますよね。そして、メイクをしながら仕事のことや別のことを考えている人がほとんどだと思うし、メイク後に自分に話しかけるってどういうことって思っているかもしれません。

まず①の質問ですが、朝の一番忙しい時間帯、メイクの時間を少しでも短縮して、できることならプロがメイクしたマスクを被《かぶ》るぐらいのスピードで仕上がる魔法があれば最高ですよね。わかります。細かな作業がいっぱいで面倒くさいし、単純作業が嫌! という気持ち。そこで提案です。現状より三分だけでいいので余分に時間を取ってください。

心を整えて、神様・宇宙に繋がることを意識してメイクをするのです。あなたを守ってくれている神様に会うために、感謝するために、心を清めるために、毎朝メイクをするのです。鏡に映るあなたのお顔をいつも神様だと感じて慈《いつく》しんでください。そんな気持ちを持つだけで、あなたは戸迷うことなく自信を持ってメイクができるようになり、それが何よりもあなたの大切な未来へと、今後の生活へと、波動エネルギーを大きく高めていきます。


次に②の質問です。メイクをしながら何を考えていますか？

何も考えていない、テレビを見ながら、携帯を見ながらなど、〝ながら〟メイクをしているとしたら、これがまたとってももったいないのです。

毎朝のメイクに、自分のお顔や脳に対して、ぜひともご褒美を与えてほしいのです。


僕もこの仕事をするまでは、母親や妻が仕事に行く前に、時間ギリギリまで慌《あわ》ただしくメイクをしている姿を見たり、女友達からは「男はメイクをしなくていいからいいよね！　メイクって結構面倒くさいのよ！」と言われ、「メイクは女性には義務的で面倒なものなんだぁ～」としか思っていなかったのです。

その僕が三四歳の起業をきっかけに化粧品販売をすることになり、できるだけ女性の立場になろうと一からメイクを習うこととなったのです。だからこそメイクに対するなぜ？　が貪欲で、誰より客観的に冷静に見てわかるようになったのかもしれません。

「なぜ、面倒と言いながらそこまでメイクをするの？」「そもそもメイクって何のために、なぜするようになったの？」「メイクってどんな効果があるの？」「みんなメイクって誰に習ってきたの？」「先祖から受け継がれているの？」「DNA（遺伝子）の影響を受けているの？」「なぜこんなにもメイクに悩む人が多いの？」などなど、疑問をあげればキリがありませんでした。

眉の描き方ひとつ取っても、これだけ美容雑誌やテレビ、美容室、エステサロン、百貨店などで無料でいっぱい教えてくれるのに、自信を持って描けない人が多いのはなぜなんだろう？　と思ってきました。

そう考えるうちに、これは見た目の顕在意識だけでなく**潜在的な意識が何か影響している**のではないか？　ということに行き着いたのです。

私たちは潜在意識の中で、日々刻々と感情に操《あやつ》られています。一つひとつ意識しないとそれが自覚できません。その感情に影響を与えているのも脳、つまり思考ですよね。その脳に一番近い顔という皮膚が、良くも悪くも感情を刻み続けているとしたらどうでしょうか？

皮膚と脳は表裏一体です。ストレスでネガティブなことを考えていると、急に肌に吹き出物ができたりすることってありますよね。逆に、皮膚を喜ばすためにエステに行ったりすると気持ち良くて、脳が勝手に元気になっていたりしますよね。

また、日々の生活に追われ所帯臭さが顔に出て急に老け込む人がいると思えば、何かを見つけて新しくチャレンジしている人のお顔は若々しくて、皮膚にも艶《つや》があってお元気です。

つまり、お顔にご褒美をあげると脳は活気づくし、その逆も言えるのです。だからこそ毎朝のメイクに向かうときに、〝自分のお顔にご褒美をあげる〟という気持ちがとっても大切なのです。そしてその思いや体験の記憶が、魂レベルで良くも悪くも次世代へと受け継がれていくのです。

メイクには長い歴史があります。約五万年前、神のための儀式がメイクの始まりと言われていますが、古代エジプト文明をはじめどの文明でも、病や災いは悪い気が体の中に入ることで起こると考えられていたので、悪い気が体の中に入らないよう、目の際にアイラインを引くなどのメイクを行っていたのです。

縄文時代では顔に赤土を塗ることが当時の風習で、日本の化粧の始まりとされています。魔除けのために顔に紅殻（ベンガラ）を塗る〝赤化粧〟が行われ、赤は悪魔の侵入を防ぐ色とされていました。

もし、あなたの魂がこのような恐怖や不安から逃れるためにメイクをしていたという記憶が少しでも残っていたらどうでしょうか？　うまくメイクができなかったらどうしよう？　不吉なことが起こるかも？　悪魔に取り憑《つ》かれたら？な〜んて潜在意識の中で少しでも思っていたら、とてもメイクを楽しむどころではありませんよね。

大げさな話に聞こえるかもしれませんが、初めてメイクレッスンに来られたときに、急に怯《おび》えて涙するような受講生もいらっしゃいますし、頑《かたく》ななまでに「厚化粧のほうが安心する！」と言う方々も多数いらっしゃいます。でもこれは、ご本人には自覚がないのです。

だからまず安心してほしいのです。あなたがメイクに不安を持ったり、自信がなかったり、気が向かなかったり、面倒だと思ったり、しっくりとこなかったとしても、それらはすべてあなたのせいではないのです。

眉ひとつにしても、もしかしたら遠い昔のネガティブな記憶が、知らず知らずあなたの眉の癖になっていたり、「眉が苦手!」という潜在的な思いが美しいラインを描く邪魔をしているかもしれません。

最後に③の質問です。メイク後、鏡に映る自分に何と話しかけていますか?「よしこれで今日も頑張るぞ!」「私、最高!」「ビューティフル!」「パーフェクト!」

毎日、そんなふうに声をかけることができている人はいいのですが、不安や迷い、自信のないネガティブな顔が鏡に映っているとしたら、きっとこの本が何かお役に立てると思います。あなたには、これから先の未来のために、そしてあなたの大切な方々のためにも、池端式メイクで楽しんでもらい、不安や迷いを解消し、自信の持てるメイクをしていただきたいのです。

現在DNAを検査するだけで、会ったことのない人の顔が映し出されるとまで言われています。どうせなら、毎日のメイクで幸せな遺伝子をいっぱい組み込んで、あなたらしさをこの世界に残してあげませんか？

親、先生、友達から擦り込まれたメイク術を捨てよう

ここで思い出してみてください。あなたが一番最初にメイクを始めたのはいつ頃でしょうか？

そして、そのときのメイクは誰から学びましたか？　親ですか？　先生ですか？　友達ですか？　それとも何かの雑誌を見ながら真似してみたのでしょうか？　そのときのことを鮮明に覚えているでしょうか？

英才教育のように、親からしっかりとメイクを叩き込まれたという人や、美容専門の家系で生まれ育っていつも影響を受けてきたという人は別として、たいていの人は知らず知らずのうちに何となくメイクを身につけていた、というのが実情ではないでしょうか？　いつの間にか歯磨きの習慣がついていた、いつの間にか日本語が話せるようになっていたというような感覚で。

ある人は、お母様のメイク品に興味を持ってこっそり口紅をつけてみたり、ある人は友達の家で遊んでいるときに雑誌を見ながら盛り上がってメイクしてみたり。また、就活が近づいてきたから「メイクぐらい覚えなくちゃダメよ！」と言われて、慌てて覚えた人もいるかもしれませんし、逆にまったくメイクをする機会がなくて、成人式や結婚式のときに初めてプロからメイクされたという人も中にはいるでしょう。

どのくらいの頻度でメイクをしてきたか、メイクにどのくらいの思い込みがあるのかは、人によって個人差があると思いますが、この機会に、あなたのメイクの総棚卸しをしてみてほしいのです。そして断捨離をしてみてほしいのです。

決して親や先生、友達から教えてもらったことや、雑誌を見て学んだことなど、それ自体を悪いと全否定しているのではないのです。年頃のデリケートなお顔について、お母様と会話の時間を共にしてきたことは親子のスキンシップにもなっていて、とても良かったと思います。

ただ、そのメイクをいったん断捨離してほしいのです。それには二つの理由があります。

一つは、真似るメイクになっていることです。親や先生が子供のためによかれと思って教えたメイク術、友達が教えたメイク術、雑誌が教えたメイク術、それらは本人からすれば受け身で主体性がありません。ただただ真似ている感覚です。

その真似るメイク感覚で、大人になっても長年同じようなメイクをしていると、真似ることが窮屈だったり、何を真似ていいのかわからず、さらに年齢による皮膚の変化に伴って、ますます多くの迷いが生じてきます。つまりメイクが決まらなくなる状態に陥るのです。

数年も経てば、美容雑誌に書いてあったことがとても古臭く感じますよね。だから自分のメイクも安心のために日々トレンドを追いかけて、いつまでもしがみついていかなければ取り残されているような感覚に陥って、焦ってしまうのです。
「学ぶことは真似ること」と言われて、大切なことではありますが、人や情報に振り回されすぎずに、自分の判断で自分らしくメイクをする意識を持っていただきたいのです。一度、今まであなたが教わってきた人のメイクや、影響を受けてきた雑誌などに書いてあったことを客観視してみてください。

今までのメイクをいったん断捨離してほしい二つ目の理由は、人間には脳タイプ別に大きく分けて三つの思考傾向があって、同じメイクを見ても感じ方や意見がタイプによってまったく異なるということです。

もしあなたが教わってきた親や先生、友達と自分のタイプが違っていたら、本人にとってかなり我慢していることになり得るのです。

例えば、あなたがとにかく色が好きで、キレイな色をカラフルに使ったメイクをしたいというタイプだったとしても、「いやいや地味に控えめにしているメイクが一番いい！」という考えの親から教え込まれていたとしたらどうでしょうか？メイクは地味にしておかなくちゃいけないという、我慢をする大人になってしまっているかもしれません。その逆で、反抗的に「親のような地味なメイクは絶対イヤ！」と突き抜けのメイクで頑張りすぎてきたかもしれません。どちらにしても我慢するか、反抗するかとなって、本来の自然な自分らしさではないのです。

今まであなたは、疑問に思ったことはありませんか？

親もそうですが、周りの友達、知り合いのメイクの仕方ってみんなまちまちでしょ？　人によっては、「地味だな～」「派手だな～」「キツイな～」って、何でこんなにもメイクのやり方、表現の仕方、感じ方が違うのかなって？

でも実は、本人は脳タイプ別に無意識のうちにこのメイクが一番いい！　と決めつけている傾向があるのです。

そこで僕は、一般の方々にもこの三つのタイプのメイクを理解してもらえるように、プロのアーティストの知識を凝縮し、簡単に三つの顔を作るメイクトレーニング法を考案しました。

自分のメイクのことも相手のメイクのことも腑《ふ》に落ちるように理解できて、自分が自信を持って主体的にメイクをしていけるメイク法です。詳しくは後述しますが、これはメイクを通じてコミュニケーションを円滑にするための生涯のスキルなのです。

蝶々を追うのではなく、花になるメイクにする

あなたの目の前にキレイな蝶々が飛んできました。とてもカラフルで今までに見たことのないような美しい色模様をした蝶々です。すごく神秘的で魅力的な蝶々です。「この蝶々を捕まえたら私はもっと美しくなり、理想的な男性と巡り合い、きっと幸せになれる！　きっと素晴らしい人生が待っている！」と慌ててその蝶々を手で掴み取ろうとして、何度も何度も試みます。必死にもがくそんなあなたの手を軽々と避けて、蝶々は空高く飛び去ってしまいました。

僕は例え話でこの蝶々の話をします。「いい出会いがない！」と嘆いている人に、「蝶々を手で掴もうとする気持ちや焦りはわかりますが、その気持ちをまず自分磨きに向けましょう」と。

つまり自分自身が花になること。美しい花を咲かせれば、美しい花に似合った

美しい蝶々があなたの元に止まってくれるということ。女性は花（華）になるために生まれてきたのです。

僕の好きな言葉に「人生八変化」があります。人生の出発点は、まずは心から。心が変わると行動が変わり、行動が変わると習慣が変わる。習慣が変わると性格が変わり、性格が変わると人格が変わる。人格が変わると出会いが変わり、出会いによって運命が変わり、人生が変わるというもの。蝶々を手で無理やり掴み取るように、一足飛びに運良く人生が変わるということはないのです。あったとしても一足飛びに良くなると一足飛びに悪くもなるのです。ここで大切なのは、人格が変わるから出会いが変わるということです。

花を咲かせるには、根を育てるために栄養のある土が必要で、こまめな水やりを欠かさず愛情をいっぱい注ぎますよね。即席で花は咲きません。メイクも同じです。土台となる土が肌。栄養が行き届いた潤った肌にするために、乾燥を防ぐようにこまめに水分を与え、お顔に愛情を注ぎます。

美しい花を咲かせることは、美しいメイクを仕上げることと似ています。

飛んでくる美しい蝶々に誘惑されるように、「これが今流行だから！」と、海外市場から売り込まれた日本人に似合いそうもないカラーパレットを即席で顔に塗布したところで、一瞬のうちには花は咲きません。それどころかあなたのお顔らしさがなくなり、人工的になって萎《しお》れてしまいます。

この口紅だけつけていたら大丈夫とか、このアイカラーパレットをのせておけば大丈夫、眉だけ描いておけば何とかなるなど、化粧品コーナーである部分だけ手入れをしてもらっている、メイクを単品扱いしているような人っていると思います。ですがメイクは、バランスがとても大切なのです。

メイクに悩み、メイクが決まらない理由は、美しい蝶々を一瞬で掴み取るようなメイク情報がたくさん降ってくるからです。自分の骨格、肌質、肌色、性格、価値観などを総合的に見て、まずは土台に合ったものをバランス良く使いながらお顔を作ってほしいのです。

メイクとは、日々の洗顔やスキンケアと同様、お顔にご褒美を与えながら一つ

ひとつ心を重ねていきバランスを取る技なのです。そのための基礎知識とお顔を作る三つのメイクトレーニング法を本書で身につけてほしいと思います。

誰に何と言われようとも、あなたはあなたでいい

あなたは、今までに少なくとも一回は、誰かにメイクについてネガティブなことを言われた経験があるのではないでしょうか？
「もっと最低限の化粧をしたらいいのに！」「もっと色を使って楽しんだらいいのに」「化粧がちょっと派手すぎない？　もう少しおさえたらどう？」「もっと眉にこだわって描いたらいいのに！」「ちょっと化粧が怖くない？」「ケバくない？」「老けて見えるよ！」などなど。

人によって、言われ方はまちまちだと思います。化粧が地味と思っているタイプ、化粧が派手と思っているタイプ、化粧が怖いと思っているタイプ。それは脳タイプによって、同じ化粧を見ても、そもそも見方、感じ方がまったく異なるか

らなのです。

だからとくに、人と比較して優越感に浸ってやろう！　とする人からは離れたほうがいいのです。自分に自信のない人は、人の弱みや劣っていると思うことにフォーカスし、自分の立ち位置を優位にしようとして、さもアドバイスしてあげているという大義名分のもと、無意識のうちに必死になっているのです。そういう素人の言うことに振り回されてばかりいると、あなたのしたいメイクが決まりません。

僕が無数の組み合わせのあるメイク表現を、わざわざシンプルに三タイプに分けたのには意味があります。何よりも一般の方に覚えてもらいやすいこと、そしてそれは三つの脳タイプに当てはまるということ、そして、生活の中で起こり得るシーンを大きく分けたら三つになるからです。

ここでは、三つの脳タイプをわかりやすく「手タイプ」「目タイプ」「耳タイプ」と表現します。

わかりやすく言うと、次に述べる、シーン①のメイクを好む「手タイプ」、シーン②のメイクを好む「目タイプ」、シーン③のメイクを好む「耳タイプ」となります。

▼シーン①

控えめなとき、自分を前に出さないほうがいいシーン。例えば就活や婚活、子育て中のお母さん同士や地域のお付き合い、お葬式など。

▼シーン②

華やかに喜ぶときや、自分を華やかに演出するシーン。例えばパーティーや結婚式、同窓会やお祝い事。異性とはじけるデートもそうですね。

▼シーン③

凛として立ち向かうとき、自分に自信を持たせるシーン。例えば厳しい仕事に臨むときや、人前でしっかりした自分を見せて、背伸びをするとき、隙《すき》のない自分を演じるときなどです。

言われてみれば、「そんなメイクがすべてできたらいいなぁ〜」と思うことでしょう。でも実際には、普段のメイクからどう変えたらいいのか、なかなかわからない人が非常に多いと思います。

パーティーに呼ばれたけれど、ドレスを着たときのメイクはこれでいいのかな？　お葬式のメイクって？　とっても大切な商談があるのだけど、気合いを入れるにもメイクはどうしたらいいのかな？　など、いろいろなシーンで戸惑ったことはないでしょうか？

彼氏に「もっと優しいメイクをしてよ！」と言われて、「わかった、それじゃ明日からそうするね」なんて自信を持って言えたら、とってもメイクが楽しいじゃないですか？

実は、シーンに合わせるという表現を裏返せば、シーンに合わせた心理状態になるようにメイクを通じて顔を作る、心を作るということになります。

また、その顔を作る、心を作るという意識が、三つのタイプの思考を感じることにも繋がります。

毎朝どのタイプのメイクにするかを選択し、その顔で活動することで、自分自身の気持ちの変化に気づき、まだ見ぬ他のタイプの可能性の潜在意識にアプローチするというトレーニング法にもなるのです。

だけど現状は、「メイクってこうだよ! これくらい華やかな色を使わなくちゃ!」と口紅の色さえ変えられない人がいます。そしてその化粧を友達とかに押しつける人もいるのです。

ハッキリ言いましょう。「これくらいの口紅を使わないと顔色が悪くなるから!」と言っている方は、控えめな場所での化粧も結構派手になっています!

逆に「メイクって自然体でいいのよ! そんな派手にしたら嫌われるよ!」と、何も努力をしないことを自然体とはき違えて、眉も生えっぱなしで地味すぎる暗いメイクをしている方もいます。そんな暗い人から「こうしなさい、ああしなさい」と言われても、気にしなくていいのです。

誰に何と言われても、あなたはあなたでいいのです。ただし、この三つのメイクパターンを理解して、それを表現してもらえればの話ですが。

まとめると、世の中には同じメイクを見ても、三つの感じ方をするタイプがあり、その各自の基準で良い悪いを判断しているだけなのです。

ですから、それが理解できたら自分のメイクも相手のメイクも傾向値がわかり、相手のことも理解しやすくなって、対人関係のバランスが取りやすくなるというわけです。

三つの顔を作れるということは、生活シーンの中で、控えめな自分、華やかな自分、凛とした自分を、人に言われるのではなく主体的に毎日使い分けることができる、ということなのです。

そして、自分自身に対してこの三つの幅を利かせるようになると、迷うことがなくなり、印象的にも精神的にも安心できることでしょう。そして何よりも相手のこともよくわかるようになり、あなたの心に余裕ができて人間関係も楽しくなります。

ネガティブ感情のメイクは、人生をネガティブに変える

あなたは、子供の頃に仮面を被った経験がありますか？　想像してみてください。ヒーローものの仮面を被ったらどんな気持ちになりますか？　怖い鬼の仮面を被ったら、どんな気持ちになりますか？　ヒーローものの仮面は、愛に満ちた戦士のように心を強くしてくれますし、鬼の仮面は、何だか人に対して攻撃的になってしまいますよね。

メイクを仮面として一度捉えてみてください。今まであなたが迷いながらしてきたメイク、何気なく意識もせず流れでしてきたメイク、流行に必死になって焦りながらしてきたメイク、人と比較して不安に思ってしてきたメイク、難しいと思いながらしてきたメイク。どれもこれも仮面だとすれば、それは自分の潜在意識にも毎日大きな影響を与えていた、ということに気づいてほしいのです。

迷いながらする迷いメイク仮面は、あなたの心を迷わせ、他にも影響を及ぼし

て迷いながら生きることに！　焦りながらする焦りメイク仮面は、あなたをつねに焦らせ、何かにつけ焦りながらせかせかと生きることになる！　難しいと思いながらするしかめっ面メイク仮面は、あなたのチャレンジ精神を引き下げ、何事も難しく感じさせ、人生が難しいと思うようになる！

　これが、「メイクで人生が変わる！」「眉一ミリで人生が変わる！」と断言する所以《ゆえん》です。

　極端で大げさに聞こえるかもしれませんが、日頃の何気ない感情、とくに**本人が意識しないネガティブ感情というのは、知らず知らずに潜在意識に擦り込まれていく**のです。しかも、一日のスタートである最も大切な朝の作業時間をどんな気持ちで過ごすかがとても大切なのです。

　あなたもときどき感じてはいませんか？　年齢を重ねるたびに、鏡に映る自分の変化に少し嫌気がさしたりする感覚。シワ、シミ、タルミ、クスミが増えて、メイクのりも悪く、若いときみたいにはスムーズにいかず、いつしかメイクにテンションが上がらなくなってしまうような感覚です。そうなんです。メイクにテンションが上がらない自分の顔を鏡で見たとき、ネガティブ仮面を被っている自分にハッと気づくときがあると思うのです。

冒頭でも言いましたが、皮膚と脳は表裏一体なのです。ネガティブ感情はすべて顔に出るのです。メイクにも出るのです。

それに気づいているうちはまだいいのですが、そんなふうにメイクに対してネガティブ感情が生まれているのに、何とか誤魔化しながら生活していると、自己肯定感が弱まり、自分と向き合うことがますます減って、負のスパイラルへ突入し、諦めの境地に入ってしまいます。所詮もう年だからと、言い訳の言葉が口からあふれ出していきます。

ネガティブ感情を抱えている人のメイクは曇っています。そして、それをポジティブに変えるメイクの仕方がなかなかわかりません。

それはほとんどの方が、何十年も自己流で一つのメイクだけをやり続けてきたため、変化のさせ方がわからないからです。

だからこそ、そんなあなたを救うべく、僕は最も簡単で効果的なメイクの仕方で魅力的になれる、たった三つの顔作りメイクトレーニング法を考えたのです。

控えめで奥ゆかしいメイク、自分を華やかに演じるメイク、凛と元気に立ち向かうメイク。この三つのメイク法で、あなたのどんなささいなネガティブ感情も吹き飛ばしてください。

世界に誇れる日本女性をバックアップしたい

僕のメイク活動の指針、根幹にあるのは、江戸時代のけわいの心です。この時代、気配（けはい）が、けわい（化粧）になったと言われています。つまり化粧は、気配りをする、心配りをするというおもてなしの心なのです。自分勝手な化粧ではなく、相手を思いやる化粧です。そんな素晴らしい日本古来の文化、思想を大切にするという思いを込めて、メイクアップアーティストとあえて名乗らず、化粧師秀（けわいしひで）として活動してまいりました。

そして、出身地である和歌山の女性を元気にしたいということで、和歌山美人を作ろう！　とメイクレッスンや講習会・講話を二〇年以上続けてきました。

メイクが決まらなくて悩んでいるとしたら、大きな意味でそれは、メイクに対

する心の持ち方が関係しているのではないでしょうか？　世界各国から入ってくるたくさんの美容情報に振り回されることなく、日本人の誇りを持って、日本人らしい化粧をまず目指すことで、迷いはなくなると思います。

今、日本には、世界が注目していることが目白押しです。東京オリンピックや大阪万博が開催されますし、天皇の御代替りによって元号が変わりました。そんな中、新元号が令和に決まって個人的にとても嬉しかったことがあります。それは和歌山の和、和美人の和が入っていたことです。

和歌山美人＝和美人を作ろうと活動しながらの二〇年、その言葉の響きと思いは広がりを見せ、和歌山の和の意味が、和の文化、日本の和、和《なご》みの和となり、和美人の持つエネルギーの定義は世界を意識するものとなりました。そして今は、世界に誇れる日本女性の未来の姿をイメージし、カリスマ和美人®（Wabito）と名付けることにしました。

今回ご紹介するコミュニケーションメイク®は、流行に振り回される表面的なコスメティック的なメイクではなく、人として、最低限身につけたい三つの顔（①控えめで奥ゆかしい顔、②華やかに自分を演出する顔、③凛とした強い自分の顔）と、その顔になったときの内面を知り、自分に自信が持てることはもちろん、相手に対するコミュニケーションの取り方までお伝えする内容となっています。顔を作ることで日本女性としての誇りである内面をしっかりと整え、強い思考や行動へと変えることができると思っています。

世界に誇れる日本女性として、流行に踊らされることなく、日本古来の魅力の幅を広げてほしいと願っています。あなたもぜひカリスマ和美人®として世界に誇れる日本女性になってみませんか？

カリスマ和美人®とは、

- 和の心、おもてなし、思いやりがあり穏やかである。
- 知性・精神力があり、キラリと光る個性と存在感がある。
- 積極性があり、周りを元気にして惹《ひ》きつける魅力がある。
- 立ち居振る舞いなどの行動印象が上品で、かつ品格がある。
- 見かけ印象が個性に適合していて魅力的である。

僕のポリシーは、メイクレッスン、メイクトレーニングを通じて、カリスマ和美人®を世にたくさん送り出し、日本を、そして世界を、やる気と元気でイキイキさせることです！

カリスマ和美人®は、人々を元気にし、ときに癒やし、そして勇気づけ、どんな困難にもブレない精神で、粘り強く人々をリードする日本人の誇りとなる人を目指します。

単に顔やスタイルがいいとか、美人だとか美男だとか、年より若いというだけの物差しではなく、内面・外面が魅力的で人を惹きつける要素が揃っています。

誰もが羨望《せんぼう》のまなざしで見るような素敵で優しくも力強いカリスマ和美人®たちは、夢や目標を見失った人々、熱くなれない人々、人生に迷っている人々、そして子育てや家事に奮闘している人々にも影響を与え、やがては職場や地域の活性、日本人の価値観・人格形成にも影響を与えることを願っています。

これからの日本がさらに元気になるためには、大人がイキイキと自分らしく生きる、その後ろ姿を子供たちに〝見せる教育〟が大切であると感じています。

カリスマ和美人®になろうと目標を持って勉強し、磨きをかけようと励んでくれる、そんなあなたを精一杯応援し、バックアップしていきたいと思っています。

第2章

池端式メイクなら潜在意識から美しくなれる

メイク品を棚卸しし、ときめくものだけ残す

今この本を読んでくださっているあなたは、どんなところにいるでしょうか？本屋さんですか？　自分の部屋ですか？　職場ですか？

その場で一度目を閉じて、自分の周りに赤色、青色、黄色のものがそれぞれいくつぐらいあるかイメージしてみてください。

そしてイメージした数と、実際に目を開けて数えたものの数を答え合わせしてみてください。

はい、どうでしたか？　なかなか正解とはなりませんよね。

そう、脳は意識したものしかカウントできず、理解ができていないのです。今まであなたが、何十年もかけてやってきたメイクの方法を、このように一つひとつ意識して現状分析しながら作業分解する必要があるのです。

まず、このメイク品はどこでどんな理由でいつ頃購入したものか？　誰に勧め

例

メイク品名	メーカー名・購入場所・購入動機	購入月
●ファンデーション03番	○○メーカー ○○百貨店・○○店員に勧められて	2019／7
●アイカラーブルー	○○メーカー ○○ドラッグストア・○○店員	2018／10
●アイカラーブラウン	○○メーカー ○○コスメコーナー・○○友達	2018／12
●アイブローペンシル	○○メーカー ○○エステサロン・○○店員	2019／3
●アイライナー	○○メーカー ○○ステーション・自分で購入	2019／1
●リップ赤04番	○○メーカー 友達からのもらいもの	2018／9
●チークカラー07番	○○メーカー ○○ネットショップ・自分で購入	2018／7

られたのか？　どんな色のものがいくつあって、なぜこれを使っているのか？　などと考えながらノートに書いてみてください（43ページ【例】参照）。

たぶん、購入日や買った場所などは忘れているかもしれません。それでもわかる範囲で記入してみてください。

実際、このようにきっちりとメイク品を棚卸ししている人はいないと思います。でも、料理を作るときには材料を買ってきて冷蔵保存し、賞味期限を考えて使いますよね。メイク品も同じで、封を開けたら酸化しますから、管理が必要なのです。

一つひとつ手に取りながら、これは何のために買ったのか？　どんな気持ちで買ったのか？　どんな使用感があるのか？　いつどこで誰から買ったのか？

この作業をするだけで、日頃使っているメイク品に意識が向きます。そして、自分が日頃からどのような雑誌や人に影響を受けてメイク品を買っているのか、また購入のきっかけや要因が客観的に把握できると、メイクに対する全体の流れや傾向値が見えてきます。

「同じ色ばっかり買っているなぁ～」とか、「同じメーカーの代わり映えのしない無難なものばっかり買っているなぁ〜」「○○によく影響を受けているなぁ〜」など。さらに「衝動買いしたもので、一度も使わずに眠っているものがあるなぁ〜」とか。

まずは現状分析をしっかりとしてみてください。そして、今あるすべてのメイク品をいったん捨てたとイメージしてみてください。その上で、どうしてもこれが欲しいと思うものを拾い上げる感じで選び、あまり欲しいと思わないものや、ずっと使っていないものを捨ててください。つまり、メイク品の断捨離を行ってください。本当に気に入っているもの、使うことでときめくものだけを残して、気分が乗らないイマイチのものは、この際、思い切って捨ててください。

毎朝のメイクを自己流の惰性でするのではなく、**ときめくメイク品にも意識を向けながら、お顔にご褒美をあげる感覚でメイクを楽しみましょう。**

今後もメイク品の棚卸しを癖づけて、購入時にはきちんと家計簿のようにつけておくと、今まで以上にメイク品に愛着が湧いてくるはずです。必要なもの、ときめくものに囲まれることがメイクをする上で本当に大切です。

また自分に合ったメイク品の選び方に悩んでいる方々も多いようですので、プロの意見を素直に聞くのがお勧めです。そしてお医者さんにかかるときにセカンドオピニオンという概念があるように、一人に固執するのではなく、いろいろなプロの意見を取り入れていきましょう。

引き出しや選択肢が多いほうが、心にも余裕が出てきます。

素直だと、どんどん可愛い女性になれる

突然ですが、あなたは素直な人ですか？　素直さの物差し、バロメーターって一体何でしょうか？「自分は素直だ！」と思っていても、人から見たら「あなたのどこが素直なんだ？」って言われるかもしれませんね。素直さの目安って数値化するのが難しいですね。その人の素直さっていうのは、年齢を重ねるほど顕著に表れてくるものだと思うのです。

実は、老健施設でのメイクボランティアを七年ほどしていて、感じたことがあります。それは、いくつになっても素直な人はとっても可愛いし、いい方向にす

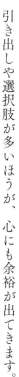

ぐ変身できるということです。健康的で、言動も表情も明るくて、周りを元気にし、みんなのアイドルみたいになっているのです。

八〇代、九〇代の高齢の方々の施設には決まって、とっても素直な人たちのグループがいる一方、真逆のグループもいました。そんな中でも平等にメイクを教えようと、僕は僕なりに頑張りました。そこで感じたことです。

素直な方々は、生まれて初めてメイクを覚えようとするような必死な姿勢で僕のレクチャーを聴いてくれ、うなずきのリアクションも半端なく、質問もどんどん積極的にぶつけてくれました。周りの人たちを巻き込み、刺激を与え、パッと明るい空気を作るのです。

そういう方々は、周りに幸せオーラを出すのです。仮に軽度の認知症になっていたとしても、その素直な姿があまりにも可愛いのです。何とかしたくなるものなのです。

一方、素直になれない人はというと、とっても疑い深く、メイクを教えようとしても、「今さら、もう年だから」と言わんばかりに、周りから孤立して冷たい視線で傍観しています。

そうかと思うと、ちゃちゃを入れてきたり、人に気を使わせて、わがまま、気ままに接してくる。とてもどんよりとした暗い空気を作るのです。まさしくエネルギーを吸い取るエネルギーバンパイアで、言葉は悪いですが、意地悪ババアというイメージなのです。近寄りたくなくなってくるのです（決して患者さんのことを悪く言っているわけではありませんのでご理解ください）。

でも本人は、そんなふうになりたくてなったわけではないと思います。わざわざ嫌われたいと思ってしているのではないはずです。もしかしたら子供たちに会えず、寂しい思いをしていて、反抗的な態度を取っているのかもしれません。

でも根本的には、いつの間にか素直さをどこかの時点で置き忘れた結果なんだと僕は痛感しました。年を重ねても自分は絶対に頑固ジジイにだけはなりたくないと思ったものです。

「素直になる」と口で言うのは簡単ですが、よっぽど本人が意識しておかないと駄目だと思います。年を重ねるにつれて体が硬くなるように、心も知らぬ間に硬くなるのです。

柔軟体操やウォーキングをするように、心をほぐすということは、いくつになっても人の言うことをよく聞いて、素直さを忘れずにいるということではないでしょうか。

若くても心が硬く、人の言うことをまったく素直に聞けない人がいますが、いったん素直に受け入れる努力をすることで、どんどん可愛い女性になれると僕は断言いたします。

つまり、自己流メイクから抜け出せずに変われない人、成長しない人は、素直さがないということです。

「でも、でも、でも」という言葉自体を、まずは頭の中から消してしまいましょう。

その人が素直かどうかのバロメーターって、年齢を重ねながら人生の終わりの頃に、一気に出てくるように思います。僕も含め、今から素直さに対して自分自身できちんと向き合っていきましょうね。

素直な心は、美しくなる、幸せになるための究極の近道だと思います。

実は、利き手でメイクをしないことがコツ

突然ですが、右利きの人なら、明日からのメイクを利き手の右手ではなく、左手でやってみる自信がありますか？　朝の忙しいときに、そんなことをしている暇はない！　という声が聞こえてきそうですね。そうであれば、夜、メイクを落とす前に少し時間を取って練習してみてはいかがでしょうか？

化粧水や乳液を塗ったり、ファンデーションを塗布するのは、意外と利き手でなくても簡単にできるかもしれません。そしてメリットとして、肌へのタッチがとても優しくなるということがあります。もともとメイクアップアーティストは、人差し指でアイシャドーなどを塗るとタッチが強くなって皮膚に負担がかかるので、中指や薬指でタッチするようにとお客様にお伝えしていますが、利き手でない指となるとさらにタッチが優しくなりますよね。

メイク作業全行程をしていくと気づくと思いますが、一番大変なのは眉を描くことや、アイラインなどの細かいラインを引くことだと思います。

ペンの握り方や持ち方を、書く方向に対してその都度変えたりして、自分の描きやすい方法を見つけてみてください。それだけでも、今まで思ってもいなかった発見があることでしょう。

利き手でないほうの手でお箸を使って食べる時間を取ると脳が活性化する、とくに右脳が働くと聞いたことがあると思いますが、メイクの細かな作業も同じです。その時間、とても脳が刺激され、右脳も活性化されて発想が広がります。

利き手を使わないこの作業は、誰しも最初のうちは慣れませんが、徐々にコツを掴めます。そして両手のどちらでもで

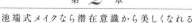

きるようになると、バランス感覚が身についていることに気づくと思います。つまり右手ばかりに慣れていると、力の入り方がお顔の左右どちらかに片寄り、メイク全体が非対称になってしまいがちになるということです。

なぜ、僕がわざわざこういうことをしてほしいと言うようになったかと言うと、それは昔ヘルパーの免許を取るときの教本に、認知症予防対策として次の三つが書いてあったことを思い出したからです。

① 散歩をする。② 料理を作る。③ お化粧をする。

僕なりに補足すると、①同じルートで散歩するのではなく違った景色を見て、②料理も慣れたものだけでなくいろいろと新しいレシピにチャレンジし、③お化粧もいろいろなバリエーションを楽しむこと。そんなふうに思うのです。

手先を使い、脳に刺激を与えることが認知症予防になるわけですから、言ってみれば、利き手を使わない細やかなメイク作業というのは、手と脳の刺激的なリハビリになるということですよね。

認知症というのは急に発症するのではなく、一五～二〇年かけて徐々に脳に変化が生じてくるものですから、三〇～四〇代のうちから意識しておいても損はないと思っています。

生まれて初めて自転車に乗ったときのことを思い出してください。最初はとっても難しくて不安で怖いと感じたと思いますが、慣れれば簡単に乗れるようになっていますよね。利き手を使わないメイクというのも、慣れれば簡単ですよね。

人生をより良い方向に変える要因は、脳に刺激を与えて喜ばすことだと思います。人生は刺激があると本当に変わるものです。例えば、住む場所、職業、付き合う人を変える、買い物をするスーパーを変える、道順を変える、乗り物を変える、持ち物を変える、そしてメイクを変えると人生が変わるのです。

利き手でメイクをしないことは、眠っていたあなたの潜在意識に徐々にアプローチする時間が増えていくということを意識して、脳のトレーニングだと思って真剣に取り組んでみてください。やり続けていくと、ある種の快感を覚えるようになるでしょう。

眉一ミリでどうして人生まで変わるのか?

皆さんは、眉一ミリぐらいでと思うかもしれませんが、その一ミリをバカにする人は、一ミリの怖さをわかっていません。

一ミリぐらい、つまり、そのちょっとくらいという気持ちに、実は大きな問題が潜《ひそ》んでいます。

例えばダイエットなら、ちょっとくらいというその気持ちがリバウンドを繰り返します。

職場での経費削減のための運動や注意喚起で、コピー用紙一枚を無駄にするといった小さなことでも許して放っておくと、従業員の意識が低下し、すべての経費削減項目に対しても、多大なる悪影響を及ぼしてしまうことがよくあります。

子育てにしても、親が子供の一つの嘘を見過ごして、まあいいわと放っておくと、いつの間にか嘘つきな人間に育っていたなんていうことにもなりかねません。

また履物を揃えるという習慣も、まあいいかと妥協した瞬間に心が乱れ、家庭

や職場のマナーも大きく乱れます。玄関を見れば、その家の住人の心の様相がよくわかると言われるのと一緒です。

このように、ちょっとぐらいという意識がどんどん重なり、もう取り返しがつかなくなってしまったなどということ、人生にはたくさんありますよね。

僕がなぜ、「眉一ミリで人生が変わる！」と言うのか。それは、眉一ミリの世界には、心の乱れがそのまま出てしまうからです。逆に、**一ミリを大切にしながら眉を描くと同時に心も整えていくと、一日の言動や心のゆとりまで変わってくるから**です。

複式呼吸をしながらヨガや瞑想をすると、リラックスして安心感を得られますよね。

同じように、朝の神聖なるメイクの時間を、単なる作業時間にするのではなく、安心感を得る時間にする、自分を見つめる時間にする、自分を慈しむ時間にする、自分にポジティブなメッセージをストローク（働きかけ）する時間にする。

そのためにも、たった一ミリの繊細さを大切にしてほしいのです。それは、まるで精神統一して書道に臨むときのような感覚です。

でも、そんな朝の忙しいときに、「時間にゆとりがない」とか、「子供が飛び回って、うるさくてそれどころではない」「出勤前の旦那の世話が大変」「親の介護でそれどころではない」などと、たくさんの反論も聞こえてきそうですね。

確かに僕も男性でありながら、起業と同時に父子家庭になり、一七年間、娘二人を育てながら、年老いていく両親の介護や一〇年以上にわたる入院の末、看取りを経験しているので、気持ちに余裕のない時期、周期、タイミングは、きっと長い人生の中で誰にでもあると思います。

でも、すべてを外部環境のせいにしてしまい、自分のことや自分の顔はどうでもいいみたいな負のスパイラルに陥って、そこから抜け出せないままには絶対になってほしくないのです。

笑顔には二種類あると思います。一つは嬉しいことがあるから自然とこぼれる笑顔、もう一つは、苦しいときや悲しいときだからこそ積極的に絞り出す笑顔。後者は、自分を勇気づけるための笑顔です。そんな笑顔が持てる人は、自分にも、そして周りにも勇気をもたらし、先々にはハッピーをもたらしてくれるものと思います。

大変なときにこそ、絞り出す笑顔。それを手助けするためにも、朝のメイクの力をどうぞ借りてください。メイクには、自然と笑顔を作り出す魔法の力があります。

隠す心理は自己否定につながる

失礼を承知で書きます。眉に自信のない人は、前髪が長すぎる傾向にあると言えます。

前髪で眉を隠しておけば、眉の描き方の下手さ加減がわからないから、周りにバレなくて楽チンと思っている方も多いでしょう。

でもね、人相学的には、おでこを出している人のほうが信頼を得やすいし、賢く見られる傾向があるのです。そこに、もし美しい眉を描けていたら、自信を持って見せびらかしたいですよね。だから日頃から眉にこだわり、しっかりと描けるようになることは、あなたにとってメリットも多いのです。

そして眉を隠すために伸ばしておいた前髪が必要なくなれば、ヘアスタイルにも選択肢がたくさんできるのです。ヘアスタイルが変われば、メイクやファッションの幅も広がりますよね。

お顔の額縁、表情や第一印象を司る眉を隠すということは、大げさに言うと、顔を隠すということにもなるのです。何かを隠すということは、心理的にも実に大きなネガティブ感情を誘発します。

隠す心理は、ときに自分に甘えや怠惰をもたらし、ひいては自分を否定することに繋がり、またSNSなどの匿名心理がもたらすように、攻撃性にも繋がると僕は警鐘を鳴らしたいのです。

昔から「嘘は泥棒の始まり！」とよく親に叱《しか》られましたが、隠し事はそれに匹敵するように思います。

この隠す心理、男性の場合、お腹がかなり出てきたから、ベルトをしなくても済むだぶだぶの服を買って、お腹周りを隠そうとするのと似ていますね。結局のところ隠しているつもりが、それが楽なあまり、だぶだぶ感に合わせて体がどんどん太ってしまうということになります。僕も経験者ですからよくわかります。

「美脚を作りたいなら、スカートをはいて脚をしっかり出しなさい！」と言われる理由がここにあります。

芸能人が、なぜ短期間で魅力的に美しくなっていくのか？　まさしくテレビを通じて、たくさんの人たちに見られているという意識がとても高いからですね。

あなたもぜひ、見られているという意識を高め、隠すというネガティブ仮面を被るのではなく、「どうぞ見てちょうだい！」というポジティブ仮面をメイクで作りましょう。

すべての鏡を磨き、毎日のメイクを写メで撮る

当たり前のことですが、鏡がないと自分の存在を見て確認することができませんよね。自分の存在を良くも悪くもすべて包み込み、否定もせずしっかりと受け止めて認めてくれるもの、それが鏡です。そんなありがたい鏡を磨かずにいるとバチが当たります。

鏡が手あかでベタベタで、ほこりで膜が張っているようでは、自分のお顔に美しくメイクを施そうとしても、仕上がりのメイクが台無しになります。まずもってテンションが上がりませんよね。これは化粧台の鏡に限らず、メイクパレットに付いている鏡も同じことです。いやらしいようですが、僕は受講生の方の持ち

物チェックを抜き打ちで行います。

ポーチの中身を見ると、その人のメイクに対する意識や美意識についてもわかりますから、最初にまずアドバイスさせてもらうのです。本当にメイクを美しく仕上げようと思ったら、鏡やポーチ、化粧品も美しく保つことが大切なのです。それだけで気持ちが引き締まるのです。

お友達のラウンジのママさんにスタッフの教育について伺ったとき、新人教育において徹底していることがあるとのことでした。それは、お店のすべての鏡を磨くのは当たり前のことで、まず自分の家のすべての鏡を磨くことを指導しているということでした。

仕事上だけのことでなく、今よりもその本人が美しく魅力的で素晴らしい人間になってもらいたいとの思いからなのだとか。僕もすっかり納得しました。

人が見ているときだけ鏡を磨くのでなく、人がいようがいまいが、自分を映している目の前の鏡に意識が行かないのは、自分を軽く扱っているのに等しいのです。

よく漫画や映画では、鏡の中に別世界が広がるようなストーリーが描かれるこ

とがありますが、鏡を一生懸命に磨いている人は、自分をハッピーワールドへ連れて行く人だと思っています。あなたの目の前の鏡は、シンデレラの靴みたいなものじゃないでしょうか？

そんな鏡の代わりに、携帯電話のカメラ機能で、自分の顔やメイクをチェックしている人も多いと思います。電車の中でも見かけることが多くなりました。

余談ですが、携帯の画面にヒビが入っているのに平気で使っている人をたまに見かけますが、あれは最悪な使い方だと思います。割れた鏡を使い続けますか？　自分の顔にヒビが入りますよね。写メを撮ったりSNSをしたりするときには、そのヒビが否が応でも目に飛び込んできます。そのたびに心にもヒビが入るのですから、すぐにでもやめてほしいですね。鏡と同様、携帯の画面もいつも美しく磨いておきたいものです。僕は汚れたら眼鏡拭きを使って磨いています。

ここでは、あなたのメイクが上達するために、スマホを魔法の道具にする方法をお伝えします。至って簡単なことです。簡単ですが繰り返し続けることが大切です。

毎朝、メイクの仕上がりを写メに残していくだけです。アプリを利用して一枚一枚に日付を入れ、どんなメイクを意識したかなどを簡単に書いておきます。その写真を一覧にして比較できるようにします。一週間単位がわかりやすいです。

その比較写真をあなたが見るだけで、どのメイクが良くてどのメイクがイマイチだなぁ〜なんていうことが、簡単に読み取れるようになっていきます。

良かったときのメイクの眉はどんな感じか？　ベースメイクは？　チークやリップは？　と見て分析するだけで、自動的に学習していきます。人間には自然治癒力があるように、修正する能力があります。そのためには、比較するデータ

7月

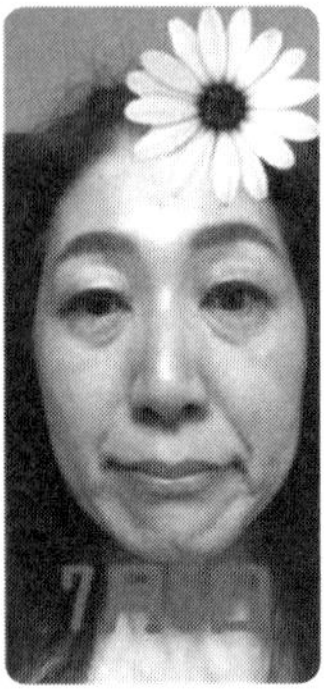

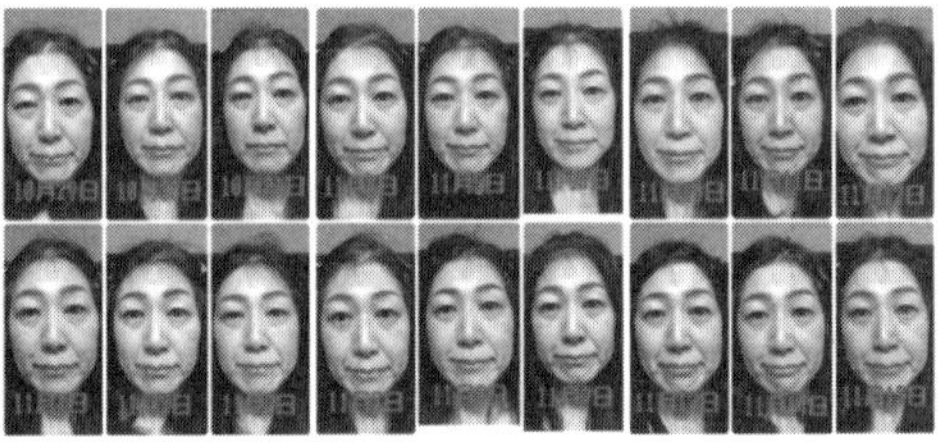

途中、利き手でない左手で描く練習もアドバイス。
どんどん変化し、「メイクにも仕事にも自信が持てました」と言われるほどに。

12月

12月はメイク、表情、雰囲気が
以前と変わっています。

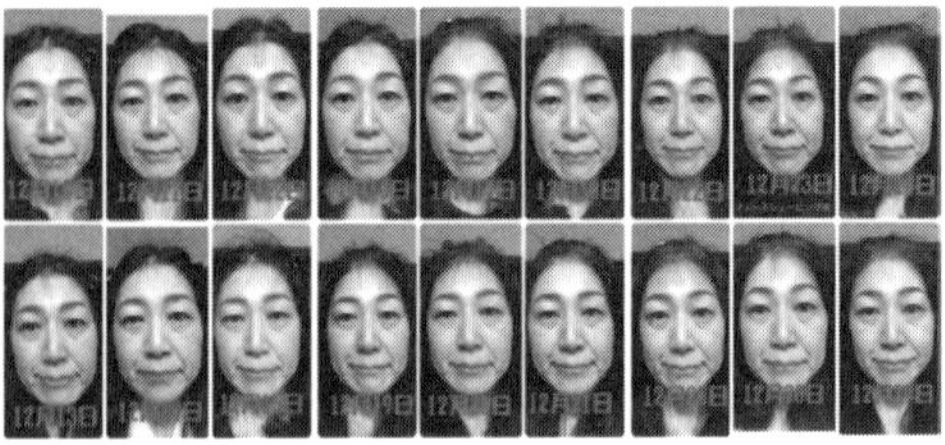

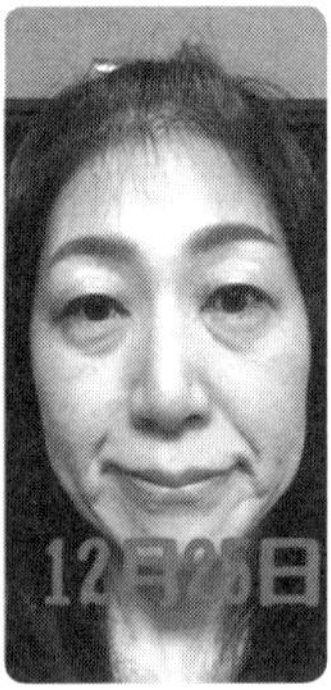

メイクの仕上がりを写メに残していく

3月

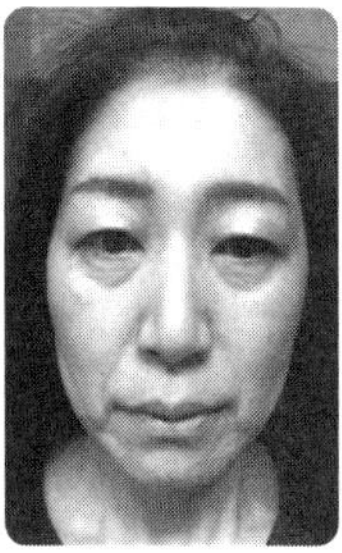

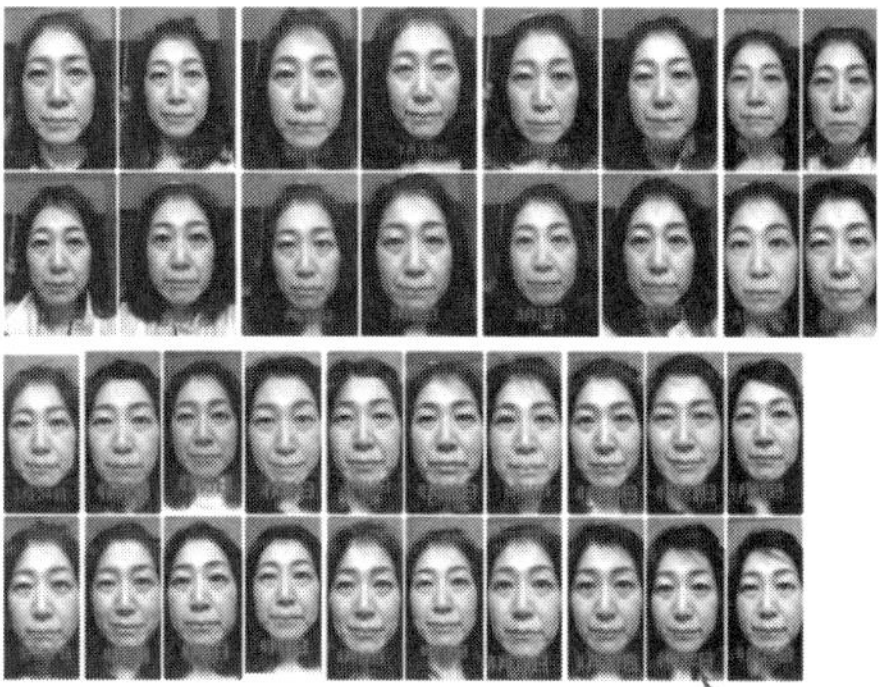

1年間、メイクの仕上がり写メを撮り続け、成果を上げた受講生。
3月では、眉に丸みがなく、自信がない表情でした。

毎日、写メを撮り、日付を入れて送ってもらいました。

4月

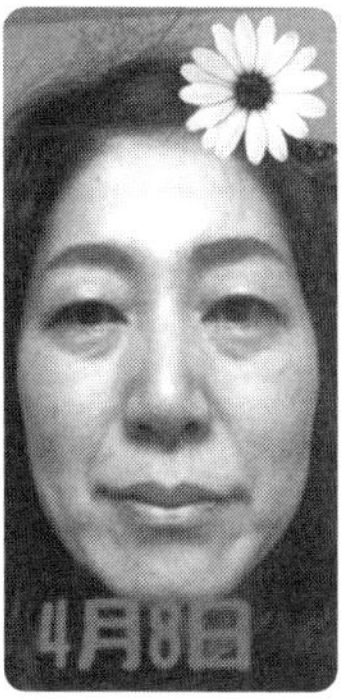

眉が安定して
表情も柔らかく
良くなって来ましたね！
4月に入り
より成果が
出て来た様に思います。
これからも意識して
頑張って下さいね。
応援しています(^_^)v

4月に入り、眉が安定してきて表情も柔らかくなってきたので、良い眉の写真には僕から花をつけました。
コメントを返したりもしました。

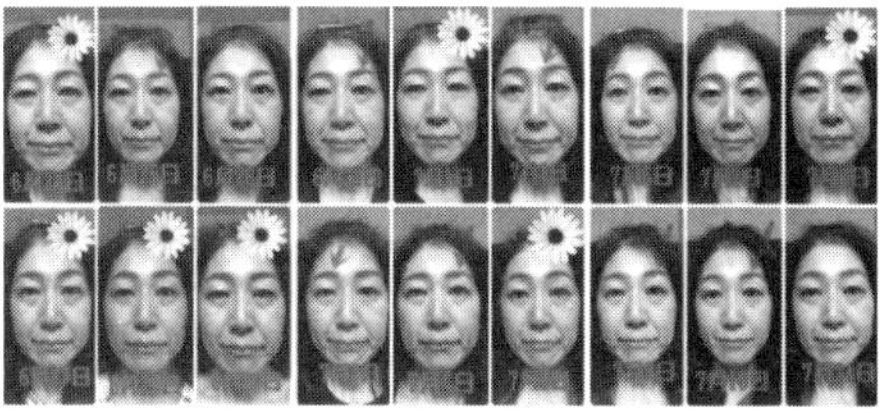

が多いほうがいいのです。

受講生の方で、一年近く毎日続けている人がいて、僕が解説してアドバイスする前に、ご本人が先に解説してくれます。

「先生、この週は心の乱れが眉に出てしまっていますね。バランスが悪いです」とか。ここまでくると、自分で気持ちや手先をコントロールするのがうまくなります。

ちなみに、写メを撮るときの注意事項があります。

①背景がスッキリしている単色のところで撮る。
②顔に影が出ないような明るい場所で撮る。
③頭と顎《あご》の位置を毎回一定に保ち、余白をできるだけ少なめにして撮る。
④カメラに対してお顔が正面になるようにし、顎を上下させない。
⑤歯を出さず、少し口角を上げる感じで撮る。
⑥毎回同じ場所で、同じポーズで、同じ画角で撮る。
⑦撮った写真に日付とコメントを入れておく。

第3章

基本はたった三つのタイプを知るだけ

「正しいメイク」を知って自分も他人も喜ばせる

ここまでは、お顔やメイクに対する根本的な考え方が、人生にどんな影響を与えていくかなどについてお話ししてきました。

ここからは池端式メイクを具体的に掘り下げていきたいと思います。まず正しいメイクについてですが、第1章の「誰に何と言われようとも、あなたはあなたでいい」でもお話ししましたが、メイクは人間関係をより良くするツールという立場に立って、自分にも良し、相手にも良しの発想ですることが大切です。そのためにもまずは、**流行や周りのメイクと比較することをいったんやめて、自分のお顔にだけ集中して、三つのメイク技術を施すことにトライ**してください。

メイクをする際の作業は本当にたくさんあり、いろいろと組み合わせるととても複雑に感じられ、一般の方々は尻込みすることが多いと思いますが、ここではシンプルに三つの顔を作ることで、メイク全般のことがカバー、理解できるようになります。

まずはメイクを始める前に、日頃の自分の作業全体を眺めるフロー図を見てください（70〜71ページ）。

今日一日、どんな人と会うのか、どんなところに行くのか、どんな目的を持ってメイクをしたらいいのか？　などを考えてもらえるように作った図です。

メイクの表現は、①質感、②ライン、③色彩、④グラデーション、⑤バランスと、大きく分けて五つの要素から成り立っています。

左側（71ページ）では、あなたの日頃のスキンケアがどうなっているのか？　輪郭は？　カラーは？　性格は？　職業のイメージは？　などを現状分析していきます。

その次に、どんな場所へ行くのか？　どんな服・スタイルで行くのか？　誰に会うのか？　その相手の脳タイプは？　そこまでイメージして、ようやくメイクのイメージを考えるという流れです。そしてメイクの作業を分解したのが、一番右側（70ページ）になります。

イメージに合わせて、ベースメイクをどんな肌の質感にするのか？　ライン・カタチ取りはソフトにするのかシャープにするのか？　そして色使いはどうする

メイク表現5ポイント
①質感　②ライン　③色彩
④グラデーション　⑤バランス

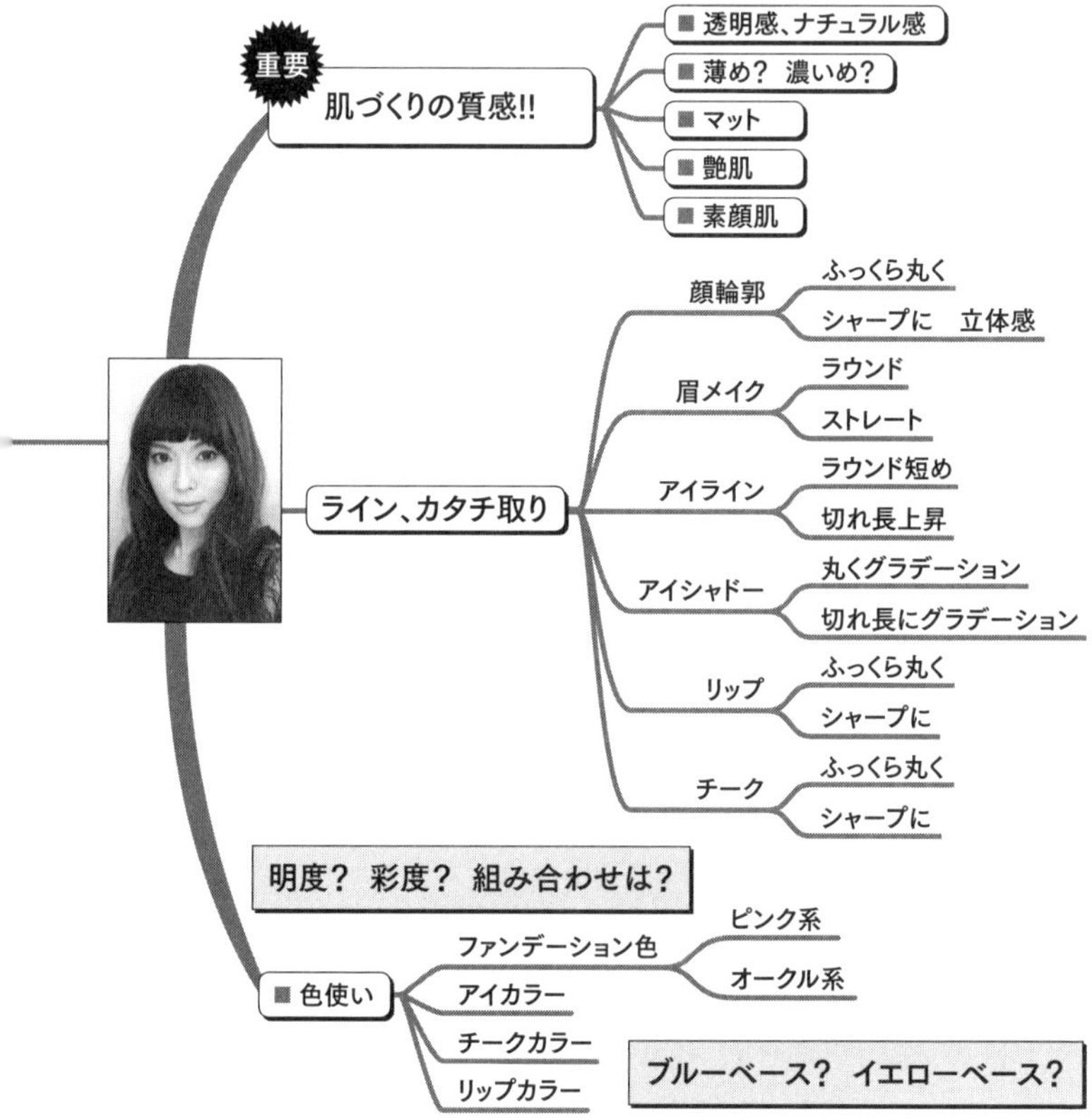

コミュニケーションメイク® で自己認知・他者認知力アップ
①自分との自信メイク　②相手との好意メイク
③職場での傍楽メイク　④男女間交流メイク

目的を意識したメイクアップの流れ

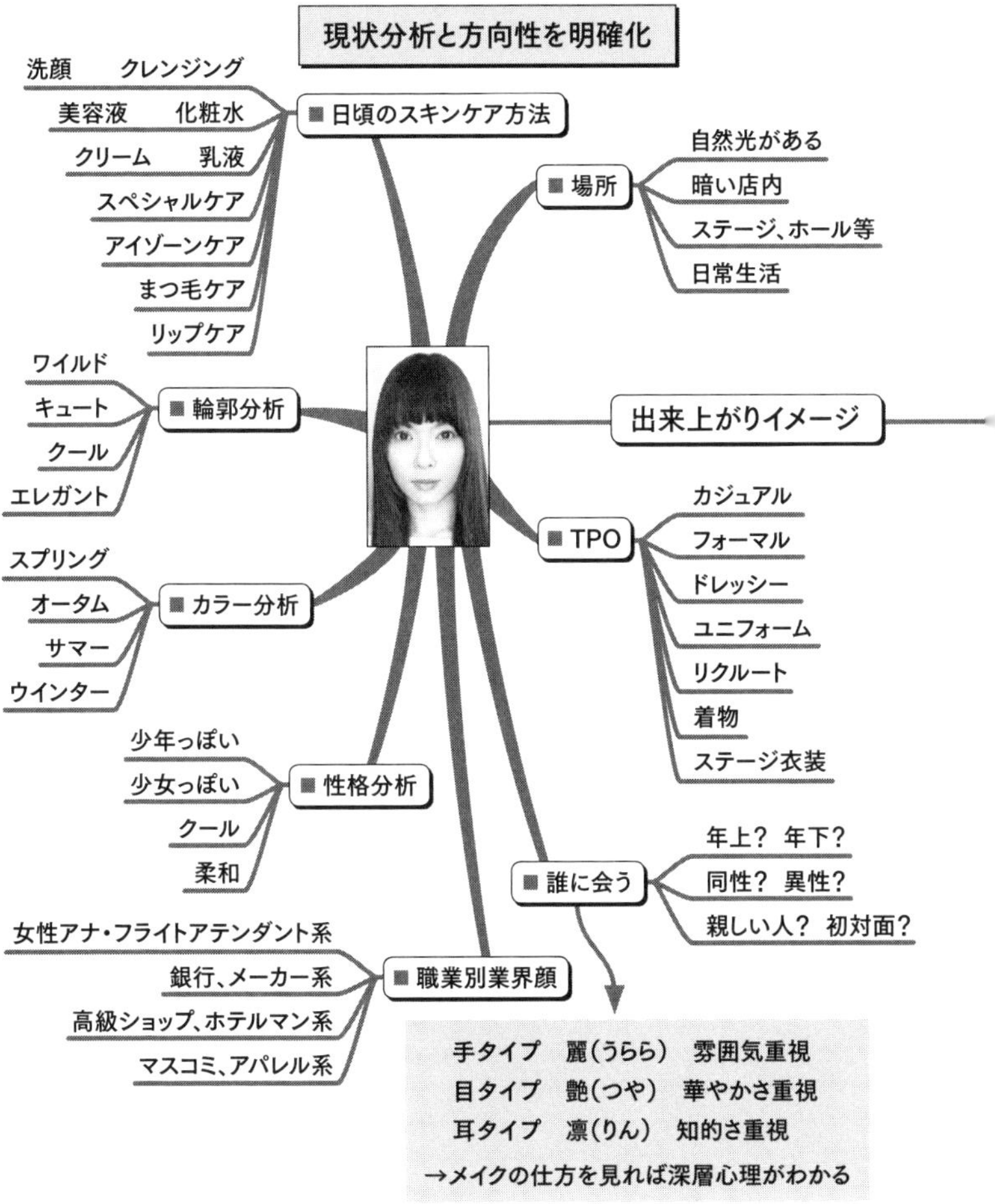
現状分析と方向性を明確化
■日頃のスキンケア方法
洗顔　クレンジング
美容液　化粧水
クリーム　乳液
スペシャルケア
アイゾーンケア
まつ毛ケア
リップケア
■輪郭分析
ワイルド
キュート
クール
エレガント
■カラー分析
スプリング
オータム
サマー
ウインター
■性格分析
少年っぽい
少女っぽい
クール
柔和
■職業別業界顔
女性アナ・フライトアテンダント系
銀行、メーカー系
高級ショップ、ホテルマン系
マスコミ、アパレル系
■場所
自然光がある
暗い店内
ステージ、ホール等
日常生活
出来上がりイメージ
■TPO
カジュアル
フォーマル
ドレッシー
ユニフォーム
リクルート
着物
ステージ衣装
■誰に会う
年上？　年下？
同性？　異性？
親しい人？　初対面？
手タイプ　麗（うらら）　雰囲気重視
目タイプ　艶（つや）　華やかさ重視
耳タイプ　凛（りん）　知的さ重視
→メイクの仕方を見れば深層心理がわかる

のか？

簡単に言うと、これらの組み合わせでメイクが出来上がるのです。

その次に重要になってくるのが、お顔の額縁とまで言われる眉のデザインです。その人の表情印象や第一印象を司る重要な部分。三つの顔を作る前に最も標準的な基本形を紹介します。

75ページの①から⑤の手順に沿って、まずは紙の上で鉛筆や眉ペンで描く練習をしてください。

基本形の眉が描けるようになったら、応用編の練習シートで描いてみてください。

76～77ページ、真ん中(B)の標準眉に比べて、左側(C)はソフトな印象を与える遠心顔眉（目や眉などパーツが離れている印象）、右側(A)は逆にシャープな印象を与える求心顔眉（パーツが寄っていてクールな印象）。

この三つの眉のバランスを練習すると、日頃のメイクでもとても役立ちます。

三つのタイプの顔を作るときにもこの要素を取り入れています。手タイプ（麗《うらら》

脳タイプ別コミュニケーションメイク®

手（麗メイク）

目（艶メイク）

耳（凛メイク）

イラスト／by MAO

眉デザイン練習シート

カリスマ和美人® の美眉メイク

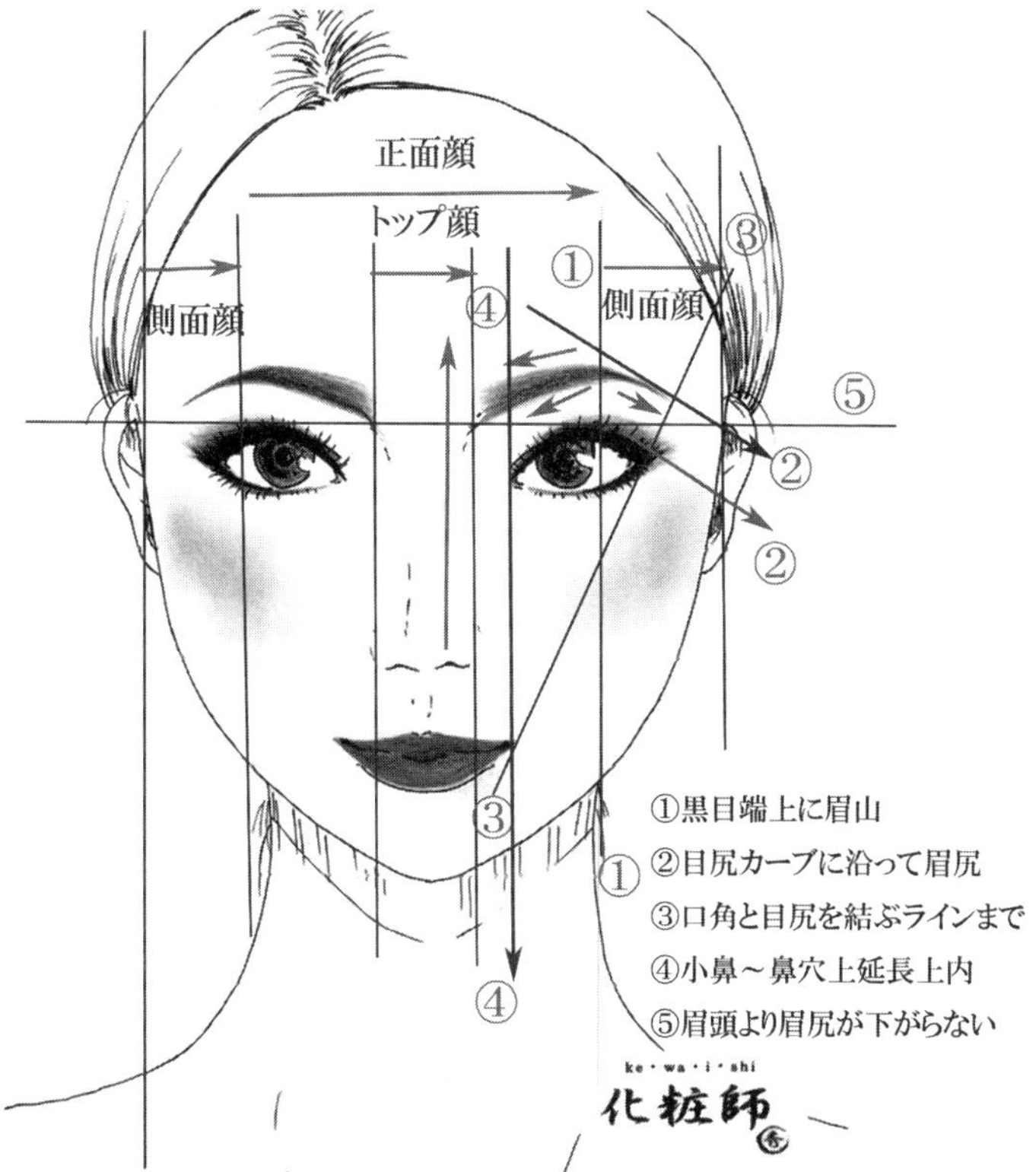

眉バランス練習シート

(A)

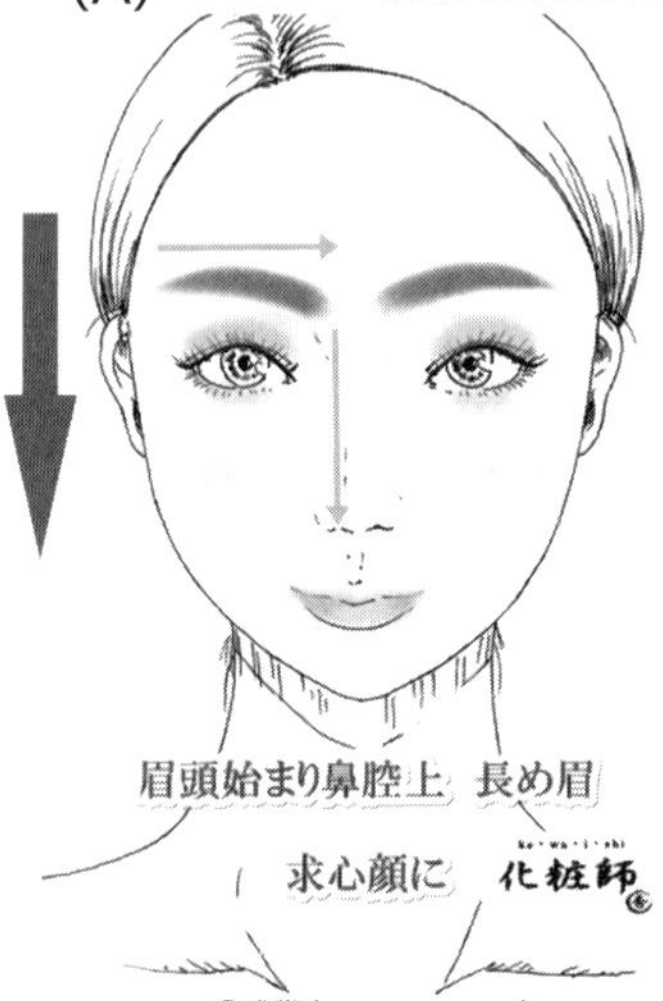

◀上の (A) ～ (C) 3つの
見本を見て描いてください

※バランス良く描くコツ

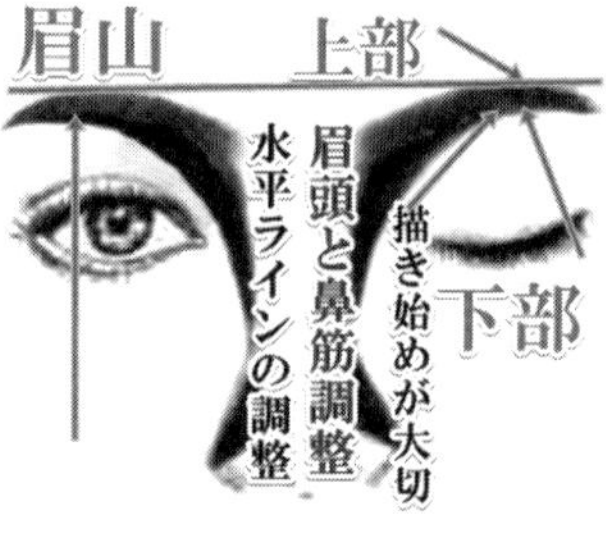

※美眉メイクの詳しい描き方は
75 ページをご覧ください

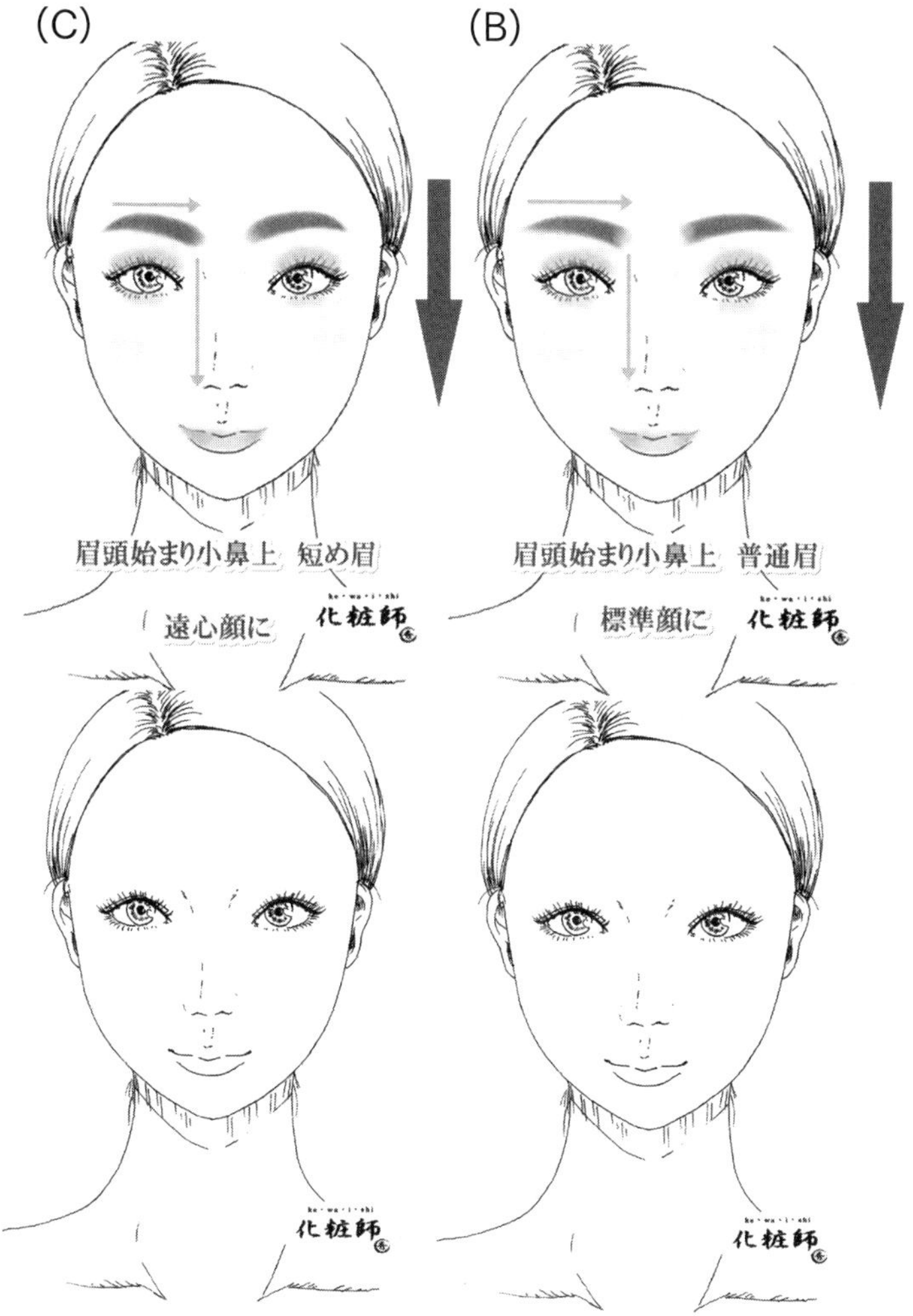
(C)
(B)
眉頭始まり小鼻上　短め眉
遠心顔に
眉頭始まり小鼻上　普通眉
標準顔に

脳タイプ別眉デザイン練習シート

※見本を見て
描いてください

耳タイプ　凜メイク

化粧師《ke・wa・i・shi》

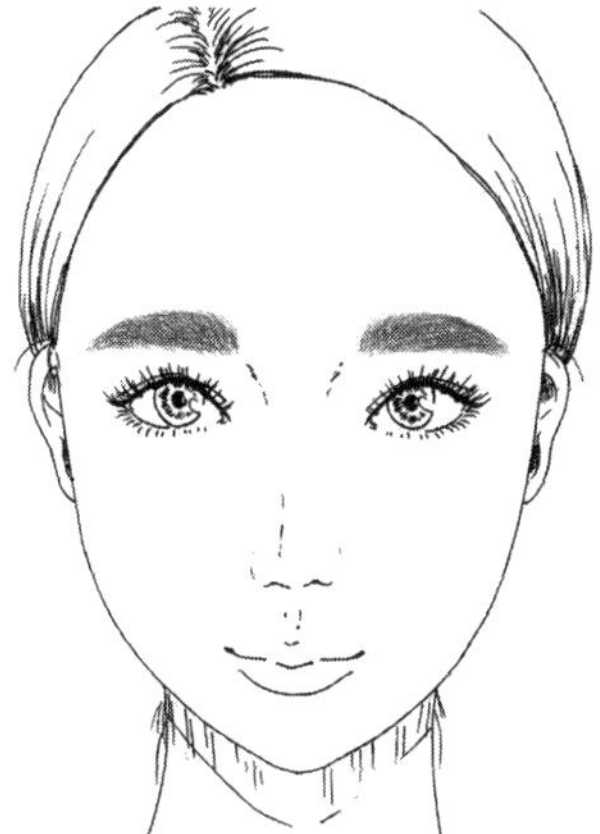

手タイプ　麗メイク　　目タイプ　艶メイク

メイク）が(C)、目タイプ（艶《つや》メイク）が(B)、耳タイプ（凛《りん》メイク）が(A)です。

まず自分の脳タイプを知る

第1章でもお話ししましたが、今の自分のメイクの価値観や見方は、魂レベルの記憶や生まれ育った環境、親や友達、先生など周りの人によって影響を受けてきていることを認識しなければいけません。そこで僕は、生まれ持った気質（脳タイプ）と、環境によって影響を受けている性格の傾向を、アンケート（82〜83ページ参照）によって診断しています。

人は、自分のことを客観的に見るのが苦手です。いつも自分が正しい、自分が見ている世界が正しいと、自分主体で物事を捉えてしまいがちですが、気質や性格によって、人はそれぞれの視点において、考え方が違ってきます。

このアンケートの傾向を見ながら自分を客観視してもらい、人間関係における相手とのズレを少しでもなくし、相手思考になれるようにすれば、もっと深いコミュニケーションが取れるはずです。

それぞれの問いに対して三つの中から一つだけ選んで○を付けていきます。
○の合計数を出して、一番多いのがあなたの脳タイプです。

Hは手タイプ（触覚型）、Mは目タイプ（視覚型）、Eは耳タイプ（聴覚型）です。

ただ、このアンケートの結果が一〇〇％というものではなく、あくまでも目安です。というのも、親子関係や対人関係で長年強く影響を受けていると、自分の気質を素直に優先しない傾向もあるからです。

この場合は、僕は〝隠れ○タイプ〟と言っています。

この三つのタイプはバランスで見ます。例えば、目タイプ傾向が一番強くて、次は手タイプ、そして一番少ないのが耳タイプだとすると、一番少ない耳タイプの思考がわかりにくいのだと自覚しておいて、耳タイプの特徴や思考傾向を勉強しておいてから、その対応に気をつけます。

つまり考え方が違うから、タイプが違うからと、人を好き嫌いで簡単に片づけるのではなく、自分脳を違う脳タイプにいったん合わせる努力をしっかりとする

氏　名		脳タイプ	H　M　E
生年月日	西暦　　　年　　月　　日	血 液 型	

M		E	
デザイン、センス、もの珍しさ、斬新さ	○	中身、こだわり、専門性、歴史	○
見た目、ファッション、色	○	礼儀作法などの対応、言葉使い	○
20分が長く感じ、イライラする	○	正当性、理由を聞かないとダメ	○
最先端・デザイン・色	○	定番・評判・ブランドの良いもの	○
必要性・利益・最新かどうか	○	納得・意味があるかどうか	○
体を動かせる所・華やかな所・未開拓地	○	博物館・美術館・図書館・歴史建造物	○
勝負・スコア・飛距離	○	作戦・戦略・自分との戦い	○
お店や料理のおしゃれ感・斬新さ・珍しさ	○	料理の素材・店の品格（評判）	○
酔うこと・ストレス発散	○	社交	○
すぐに行動・一直線	○	計画的・段取り・予定	○
自分にとって相手が役に立つかどうか？	○	客観的・冷静に分析してみる	○
損得・お金	○	比較・プロセス・こだわり	○
強さ・速さ・外見	○	頭の良さ・人からの評判・聡明さ	○
仕事をして休む	○	計画的に休む	○
見て覚える	○	聞いて覚える	○
行きたい時、すぐ行ける様にして欲しい	○	ひとまず計画的に考える	○
目（視覚）（見る）	○	耳（聴覚）（聞く）	○
キラキラした美しいモノを見せてもらいたい	○	心地よい音楽を流して欲しい	○
キレイさ、色	○	眉などのシャキッと感	○
○○さん「凄いですね」	○	○○さん「聡明ですね」	○

＜参考＞藤原桜雪が考案した人間関係メソッドベビケーション

化粧師秀流　脳タイプ診断表

左の問いに対し、最も自分らしいものに○を付けてください。
○の多い欄がタイプです。

問		タイプ ▶ H	
問1	お店に入ったら何が気になるか？	雰囲気、におい、空間づくり	○
問2	人を見たら最初に気になるのは？	雰囲気、におい	○
問3	「待って」と20分を待たされる時	普通にイライラせず待てる	○
問4	服装のこだわりは？	あまり気にしない・着心地	○
問5	行動のきっかけは？	好き嫌い・勘・気分	○
問6	好きな場所は？	自然、雰囲気の良い場所	○
問7	ゴルフ等のスポーツの楽しみ方は？	自然・仲間との時間・楽しさ	○
問8	外食で味以外に一番気になる事は？	楽しいか・リフレッシュ出来るか？	○
問9	お酒は何のため？	楽しさ・リフレッシュ	○
問10	行動のタイミングは？	ゆっくり・のんびり・気分	○
問11	対人関係、相手を見るとき	どう思われているか？特に気になる	○
問12	営業のされ方のポイントは？	人間性	○
問13	褒められて嬉しいポイントは？	雰囲気のやわらかさ	○
問14	仕事の仕方は？	休みながら仕事	○
問15	運動・音感について？	体で覚える	○
問16	美容院等に行きたい時は？	前もって早めに予約をとる	○
問17	物事を判断する時の最優先パーツは？	手（触覚）（触る）	○
問18	赤ちゃんだったらどうあやして欲しい？	抱っこ、スキンシップ	○
問19	お化粧のこだわり	雰囲気	○
問20	どの褒め言葉がピンと来るか？	○○さん「雰囲気がいいですね」	○
		合計数 ▶	

ことが、人間関係や深いコミュニケーションにはとても大切になります。

そのことを理解するためにも、メイクで自分の顔を三つのタイプに変えながら実感してもらうのです。それが理屈抜きで味わえるコミュニケーションメイク®の醍醐味《だいごみ》です。

地味になるな！　派手になるな！　きつくなるな！

さてあなたは、どのタイプの傾向が強いでしょうか？　逆に一番弱いのはどのタイプでしょうか？

手タイプの方は、地味になる傾向があります。目タイプの方は派手になる傾向があります。耳タイプの方はきつく見える傾向があります。

それは、自分の脳タイプ、つまり信じている感覚が一番正しい、落ち着く、これが自分らしさだと感じたまま、長年、他のタイプと比較をすることができないできたからです。

もしあなたが手タイプの方でしたら、こんな経験はないですか？　目タイプの人のメイクがすごく派手に見えたり、落ち着かない人だなぁと思ったり、何だかカラフルすぎて下品に見えたり。また耳タイプの人のメイクが、とっても怖く見えたり、きつく見えたり、口数が少なく会話に間があって、何を考えているのかわからず怖いと感じたことはないですか？

もしあなたが目タイプの方でしたら、手タイプの人に対して、もう少し華やかにしたらいいのに、まだ若いのにお年寄りみたいって思ってみたり。耳タイプの人には、私は偉いのよ！　と、お高くとまっている感じに見えたり、メイクに色使いをしたらもっといいのにと思ってみたり。「石橋叩きすぎ！」って感じるほど、細かなことを聞きに来て、面倒だなぁ〜と思ってみたり。

もしあなたが、耳タイプの方でしたら、手タイプの人に、優柔不断だなぁ〜、人に流されすぎ！　って思ったり、目タイプの人に対しては、何だか初対面から馴れ馴れしいし、がさつで嫌だわぁ〜とか、何も考えてないみたいだと思ってみたりしたことはないでしょうか？

同じことを見たり聞いたりしているのに、同じ時間を過ごしているのに、タイプによって見え方や聞こえ方、感じ方がまったく違います。

だからこそあなたが、どのタイプの傾向が強いのかを知り、そのメイクの傾向を客観視できるようになって、バランスを取ってほしいのです。

その比較ができるためにも、バランスを取るためにも、まずはタイプ別に三つの顔を作るメイクを学んでほしいのです。体験してほしいのです。感じてほしいのです。


自分のお顔に三つのメイクが出来上がると、今までの自分流のメイクや自分の価値観、感じ方がずいぶんと変わることが実感できます。

「地味になるな！　派手になるな！　きつくなるな！」。それはつまり、今まで無意識のうちにしていた自分脳に操られたメイクから、いったん抜け出してほしいということなのです。

三タイプのメイクや外見について、どんな見え方がしたか？　どう感じるか？という外面的なことをお話ししましたが、ここからは思考パターン別の傾向をお話しします。

三つの脳タイプの傾向を掴む

まずはおおまかな特徴です。

手タイプは、ゆったり時計を持っていて、いかに楽しいか？　を求め、自分の持つ雰囲気で勝負しています。「大好き」と言われるのが最高に嬉しいです。

目タイプは、せっかち時計を持っていて、いかに目立つか？　と見た目で勝負しているので、「格好いい！」と言われるのが最高に嬉しいです。

耳タイプは、じっくり時計を持っていて、いかに評判を得るか？　を気にし、考え方で勝負しているので、「知的ですね」と褒められるのが最高に嬉しいです。

もう少し細かく説明したのがこちらです（89ページの表参照）。

これを見ると、脳タイプによって思考パターンや考え方などがまったく異なります。この違いを携帯電話の受信アンテナで例えると、同じタイプ同士での会話の場合は、受信アンテナが三本立っている感度のいい状態です。ですが自分とまっあなたはどのタイプ？

たく違うタイプの人との受信アンテナは、二本になったり一本になったり、トンネルに入って不通になってしまっている状況になり得ます。つまり、まったくコミュニケーションが取れていない状態です。

「あの人は、何で全然私のことをわかってくれないの？」「あの人は、ほんとに何を考えているの？」「同じ兄弟姉妹でも何でこうも違うの？」「この人とは交わるところがまったくないじゃないの！」

　こんな状態の人間関係ではストレスがたまるばかり。そこで、これからは、「三つの脳の働き、人間取り扱い説明書」を意識してほしいのです。人間を取り扱う

人間取り扱い説明書

タイプ	手(頭頂葉)	目(後頭葉)	耳(側頭葉)
時計・メイク	ゆっくり時計 雰囲気メイク	せっかち時計 華やかメイク	じっくり時計 賢さメイク
星・好きな言語	お触り星・日本語・ 大好き	覗き星・アメリカ語・ カッコいいね	地獄耳星・ドイツ語・ 知的だね
魔法の言葉	過去の話 優しい、信頼している、 貴方のおかげ、 忍耐力、オーラ、 雰囲気いい	現在の話 行動が早い、 格好良い、キレイ、 さすが、強い、 決断力	未来の話 完璧だね、品がいい、 尊敬、頭が良い、 評判がいい、知的、 礼儀正しい
タブーな言葉	情けない、いい加減、 触られたくない、 くさい、くさい芝居を するな	動くな、見栄をはるな、 目障りだ、中途半端だ	愚図だね、センスが 悪い、何も考えて いない、あなたの いい話を聞かない
不足しているもの	行動、スピード、理論、 結果、確実性	思考、理論、最後まで 聞く力、予約、柔軟性	感情、温かさ、優しさ、 思いやり、行動力
服装	気にしない、着心地	最先端・デザイン	定番・評判の良いもの
好き嫌い	ハッキリしている	損得勘定	利用できるか 出来ないか?
行動	好き嫌い、カン	必要性・利益	納得するか・ 意味があるか
タイミング	ゆっくり、のんびり	すぐに行動・一直線	計画的・段取り・予定
営業のされ方	人間性	損得優先・お金	比較・プロセス
電話・会話・ メール	前置きが長い、感情 的、結論がない	用件と結論のみ　短 い単語や絵文字のみ	まわりくどい、事情を 詳しく長々と伝える
褒める点	雰囲気のやわらかさ	強さ・速さ・外見	頭の良さ、 人からの評判
学習・運動・音感	カラダで覚える	見て覚える	聞いて覚える
金銭感覚	無駄遣い	細かい	予算的

＜参考＞藤原桜雪が考案した人間関係メソッドベビケーション

という言葉は、モノみたいで嫌ですが、要は、新品のカメラを買ったときに適当に、雑に扱うのではなく、最初にマニュアルを見て大切に扱いましょうという感覚です。

人によって、どこから情報を得ると一番理解しやすいか、それぞれタイプが違います。とくに人との関わりで使われる感覚は、触覚、視覚、聴覚です。つまりこの三つの感覚のうち、その人がどの感覚から一番情報を得ているかによって、考え方や行動、会話の癖や外見などを分析できるのです。

例えば、一〇万円の高級クリームを買うか買わないか迷っているギリギリの状況のとき、手タイプ（触覚型）の人は、においや手触り、店員さんなど人との繋がりを重視します。目タイプ（視覚型）の人は、デザインや格好良さ、希少性、最先端度、キラキラ感などを重視します。耳タイプ（聴覚型）の人は、評判や成分、製造へのこだわり、比較データなどを重視します。

あなたが手タイプで、お客様が耳タイプだとしたら、あなたの得意とする感覚トーク「いいにおいですよ」「いい手触りですよ」だけで会話しても、耳タイプの人にはピンとこなくてトークが届かず、「何を言っているの？　あ〜、面倒くさい店員だなぁ〜」となってしまいます。

また目タイプの人は、とにかくせっかちなので、耳タイプの人が喜ぶデータや資料をわんさと積み上げてもピンときません。「このクリームは最新のクリームで、まだ誰も知らない限定商品です。お客様の肌をすぐにキラキラと輝かせてくれること、間違いありません！」というようなトークのほうがピンときます。

たいていの店員さんは、自分の得意とする感覚で会話をして、売り込みをします。とにかく相手が食いつくまで手当たり次第に、機関銃のようにトークを繰り広げます。これでは、お客様は疲れてしまいます。つまりトンネルの中で携帯受信アンテナがお互いゼロ本で、「え〜？　何？」と大声を出しても聞こえないストレスの中で、必死に話し合っているようなものです。

これらの例は、ほんの一部ですが、まず相手がどのタイプかを知り、そのタイプの人がピンときやすい情報・会話を提供すること。これがマニュアルを見てから親切に対応するという「人間取り扱い説明書」の考え方です。まず相手の立場に立つという思いやりが大前提なのです。

もう一度、脳タイプ別のおさらいをすると、
頭頂葉の触覚タイプ⇓手タイプと呼びます。
後頭葉の視覚タイプ⇓目タイプと呼びます。
側頭葉の聴覚タイプ⇓耳タイプと呼びます。

もちろん、皆さん手、目、耳をすべて持っています。ただ、どれを優先しているかでタイプの傾向が強く出るという感じです。脳タイプ別の特徴は、89ページの表に示したとおりです。

これらを意識して、自分と相手を客観視しながら会話や考え方を意識し、調整していくのです。

僕は三倍速時計のせっかちきわまりない目タイプで、時間を無駄にしないように効率的に動こうとします。洗い物も汚れがこびりつく前に、その都度汚れたら

すぐに洗って片づけたくなります。

一方、妻は手タイプ。ゆっくり時計で、いかに楽しむかを重視し、行動をするときも結構気分で動きます。洗い物は、好きなお笑い番組が終わってからまとめてやります。

妻からしたら、僕はせわしすぎ！　僕からしたら、妻は遅すぎ！

普通であれば、そんなふうにストレスを感じるところですが、この脳タイプ別の特徴をお互いに知っておくだけでも、「あっそうか」と踏み留まることができます。

このように、受信アンテナの違いで行動が異なるのですから、それらをお互いに理解し合い、相手の立場に近づくように意識してあげれば、そうそう腹の立つこともなく、良好なコミュニケーションが取れます。

また、仕事での部下の教育や子育てなどでも活用できます。

手タイプには、書かせる、体感させる。目タイプには、見せる、ビデオ教育など。耳タイプには、聴かせる、オーディオ教育などを意識します。

手タイプには、楽しませてゆっくり時間を与える、手取り足取り教える。

目タイプには、好奇心を縛ることなくやりたいようにさせる、ああだこうだとうんちくばかり語らず、早く見本を示してやる。

耳タイプには、一人でじっくりと考えさせる時間を与えて、原理や特徴、解説などを説明して納得させる。

以上のように、まだまだいろいろなケースにも役立てることができるのです。

自分の脳タイプのメイクを一度捨てる

三つのタイプの思考パターンや特徴がわかったところで、メイクの話に戻ります。

長年、化粧師としてたくさんのお顔に触れて、検証してきて言えることは、自己流のメイクから抜け出せない人があまりにも多いということ。とくに知識が多い人、美容の経験がある人、頑固な人、パーフェクト主義な人、素直でない人、素直になれない人にこの傾向が強いのです。

言っても理解してもらえないなら、まずは体験してもらったらと思い、この三つの顔を作るメイクレシピを一般の方用に作り上げました。プロのメイクアップアーティストの知識や技を凝縮しているので、一般の方でも練習すれば、大きな印象差を表現することができます。

そのときに邪魔になってくるのが、今まで長年やってきた自己流メイクです。人の脳には安定化を好むという傾向があります。今までと違ったやり方に対して、振り子の原理のように、元に戻ろうとする力が働くのです。

慣れないうちは、これで本当に正しいのか？　と否定的になって、今までのやりやすい方法が楽で落ち着くからと、勝手に言い訳をしながら元に戻ってしまいます。

やっかいなのは、この自分の脳タイプのメイクが、腑に落ちる、落ち着く、これで長年やってきたからと自分に言い聞かせるあまり、他のメイク顔には興味が持てず、逆に気持ち悪くて自分ではないと感じるらしいのです。それもそのはずです。脳タイプが違うからです。だからこそ、本当の意味で周りのタイプもわかり、自分にとってバランスが良く、自信を持ってもらえるメイクをするためにも、いったん白紙に戻して、三つのメイクをとにかく吸収してほしいのです。

そうすると、各タイプの特徴がわかりやすくなり、自分の心の様相が変わるのも実感できます。顔が変わると本当に言動まで変わってきます。三タイプに応じて思考も変わってきますから。

そうなると、どんなタイプの人とも深くコミュニケーションが取れて、良好な人間関係を構築することができるのです。

三つの顔を作るトレーニングで最強に

それでは、具体的に三つの顔を作るトレーニングをするためのメイクレシピです。

巻頭の口絵をご覧ください。三つのタイプを以下の順に掲載しました。

手タイプ（触覚型の麗メイク）

目タイプ（視覚型の艶メイク）

耳タイプ（聴覚型の凛メイク）

▼手タイプ

雰囲気で勝負のメイクなので地味にならないように、ベースメイクはナチュラルだけれど、透明感や艶を出すためにしっかりスキンケアし、保湿力のある下地で光沢感を出します。

クリームファンデーションやコンシーラで部分的に粗を隠す程度に、極力薄いベース作りです。

眉は自毛を活かしたナチュラル眉で、角度を取らず、茶パウダーで作り込みすぎない水平眉で太めに取ります。ノーズシャドーはOFF。眉頭を離し遠心顔を作ります。

アイメイクは、あまり色の濃くないカラーレスアイシャドーで**瞳上下を縦グラデーションで少し強調し**、マスカラも中央を上下に強調して瞳を縦に大きく見せます。リキッドアイラインはきつく見えるので、ペンシルアイライナーで瞳上下をやや太めにするように引きます。下ライナーは瞳の下に軽く受け皿を置くイメージです。アイカラーの入れ方は、口絵4ページ目のイラストのように**瞳上下を強調します**。

チークは、肌なじみのいいコーラルピンクで。黒目端下のほほ骨の高い位置に丸くふっくらと入れます。健康的な血色感が大切なので、ほほに入れたチークの三分の一ぐらいの量で、アイホール、顎先、額の髪の生え際にも入れて色を分散させます。雰囲気メイクは一見地味に見えてしまいがちなので、このチークの入れ方がとても重要です。

リップメイクも、ナチュラルに見せたいので、乾燥ぎみな唇には、まずしっかりとリップ美容液でケアしたのち、リップラインをあえて取らず、突出した色を避けて、色素になじむ色を唇に少々塗布しグロスでなじませます。

メイク全体的には、目立つわけではありませんが、周りからは、その雰囲気オーラで「安らぐ、癒やされる」と言われるような演出をします。

▼目タイプ

見た目で勝負、華やかさで勝負のメイクです。ベースメイクは手タイプのナチュラル、艶のあるベースメイクに、美白肌、透明感、明るさをプラスONするために、ピンク系のファンデーションを選び、艶肌を消さないようにお粉もハーフマットな仕上がりを意識して、ふっくらと柔らかさ、華やかさを出します。

眉は、細くなりすぎないように、立ち上げの角度をつけてアーチ眉で曲線美を意識します。色は濃くならないような茶系で、アイシャドーの色味を重ねてもいいでしょう。ノーズシャドーも入れます。眉尻に向かうほどに細くなっていく繊細なラインが特徴です。

アイメイクは、華やかなアイカラーを斜めグラデーションでなじませます（巻頭の口絵4ページ目のイラストのように斜めにグラデーションします）。光沢感やキラキラ感を出してより華やかさを表現します。色使いで楽しむのが目タイプです。カラフルなアイライナーをお洒落に入れて楽しむのもいいでしょう。

チークは、桜色などの華やかな色、女性らしい色を選び、斜めに広範囲に入れながら、大人可愛いエレガントをイメージしてください。

リップは、やや強めの赤リップを華やかさのポイントに活用。ただ、輪郭を取りすぎてしっかりと塗り込みすぎるとけばくなるので、輪郭は綿棒でややぼかしてナチュラル感を。潤いたっぷりのグロスでしっとりとさせましょう。

メイク全体的には、艶っぽく、キラキラ感があって、色使いで華やかさを演出します。

耳タイプ

聡明感で勝負、自信に満ちあふれた凛とした落ち着きのあるメイクです。

ベースメイクは、明暗二色のファンデーションで立体的に求心顔（シャープなお顔）を作ります。赤みや粗などをなくし、隙のない上品な美肌を作ります。三つのメイクの中では、一番カバー力のある完璧そうな肌作りです（といっても厚塗りになりすぎないように）。出っ張っているところはハイライトを、へこんでいるところはシェーディングで影を作りながら、できるだけ立体感を出します。

眉は、細くなりすぎないように、眉山をしっかりと作りながら、安定感と自信を表現します。このタイプの眉のこだわりは、眉山から眉尻に向かうラインがシャープで尖《とが》っていて、立体的な眉にするところ。眉下のラインに一段濃いラインを入れる一手間で立体的シャープ眉になります。このシャープさへのこだわりが、凛としたイメージを作ります。自然と自信が出ます。色はあまり明るくならないようなこげ茶系かグレー系で、眉パウダーと先の細い眉ペンの両方使いです。ノーズシャドーもしっかり入れます。

アイメイクは口絵4ページ目のイラストのように、ローライトアイカラー（濃茶、スモーキーカラー、グレーなど）を、切れ長、横グラデーションでなじませます。色で目立つのではなく、ラメなどの光沢感も控えめにし、上品で、シックで、重厚感のある目元を表現します。影を目尻強調で下にも三分の一ぐらい入れます。

チークは、斜めにシャープに入れて、引き締まった小顔にします。色はハイライトとローライトの二色使いで、立体感を出します。色は赤みを減らしたオレンジゴールド、オレンジブラウンなど、肌なじみのいい暗めの色を選びます。

リップは、色味をおさえたベージュやブラウン系で落ち着かせていきます。リップラインはしっかりと取って、口角はとくに引き締めます。全体にマットな感じにおさえ、グロスは使いません。

メイク全体的には、落ち着いた重厚感のある凛としたイメージを演出します。

三つのメイクすべてを自分のものにしよう

この三つのメイクを体験してみるとわかりますが、自分の得意とするメイク、好みのメイクと、そうでないメイクが、この三つの中に必ずあります。どれが好きでどれが嫌いかは、いったん置いておき、三つのイメージを自分の顔で演出するトレーニングを続けてほしいのです。

プロのメイクアップアーティストにしてもらった眉メイクでさえ、違和感を覚えたり、気持ち悪いと感じてしまうのは、今まで長年見慣れて親しんでいた脳が拒否したりパニックになるからです。

新しい髪型に変えた瞬間に、ヘアセットが難しくなったり、今までにない傾向の服を新調して着ようとするときに、自分に合っているのか不安になったり、何だか小恥ずかしくなるのと一緒です。

メイクも徐々に慣れてくると、新しい顔がしっくりとくるようになります。それこそが、あなたの新しい可能性の扉が開く瞬間です。

今までワンパターンでやってきた自分のメイクと、比較するメイクがわからなかっただけです。そして、自分に似合うメイクをただ一つだけ必死に探し続けてきた人からすると、目から鱗《うろこ》なのです。

それはなぜか？　実は自分の脳タイプの思考によって、三つの顔のうち、どれか一つの顔を好もうとします。選ぼうとします。そしてその好みの顔が仮にできたとしたら、今度は他の脳タイプの顔が羨ましくなります。要は、ないものねだりをしているのです。

結局のところ、いつまで経ってもメイクに自信が持てない、迷うというのは、人の脳タイプが気になるからなのです。自分だけのタイプ顔だけでは満足できないのです。

満足できないのに他のタイプのメイクを味わってみると、違和感を覚えるという矛盾が生じます。

そのことをまず理解して、三つの顔をすべて自分のものにすると、たいていの方々のメイクを羨ましく思うことがなくなるのです。つまり自分の力で、自分の意思で選択して、朝の自分の顔を作ることができるのです。三つの女優顔を持てたときのような、今までにない感覚のスタートです。

ちなみにこの三つのタイプには、憧れる傾向の相関関係があります（149〜150ページ参照）。

この三つの顔を作るメイクは、最終的にどれもがあなたの気持ちに安心感をもたらすためのエッセンスを凝縮しているので、あなたはもう迷うことなく、「手・目・耳」この三つのタイプメイクをあなたらしく演じてみたらいいのです。

第4章

本当に人生が変わった女性たち

四五年間メイクしなかった古田朋美さんの大変身

今から一〇年以上前に、心理カウンセラーの講座で出会った古田朋美さん。半年間にわたるその講座では、彼女とバディーになり、様々なワークを一緒にさせてもらいました。対面でするワークが多く、彼女のお顔を見ると、素顔で眉が生えっぱなしで、僕はその茂りすぎの眉がとにかく気になり、ワークどころではなかった。そのときの彼女の印象は、本当に暗くて、美意識がまったく感じられないほどとても地味な女性でした。でも頑張り屋さんであることはとてもよくわかりました。

少し仲良くなってきた頃に、僕は職業を明かし、勇気を持って彼女の眉が気になって仕方ないことを伝えました。

よくよく聞いていると、結婚式などプロにお任せしたとき以外は、四五歳まで自分でメイクをしたことがないとのことでした。もちろん、ファンデーションなども持っていないとのこと。

僕は、そのような感覚の人と会えたことがあまりにも貴重な経験となるので、かえって興味が湧きました。

とにかく眉だけでも整えて、スッキリしてみたらどうですか？　と提案してみました。素直な彼女は、すぐにサロンに足を運んでくれました。

そこから彼女の快進撃が始まりました。眉だけ整えた彼女の顔が一気にパッと明るくなり、笑顔を取り戻したのでした。あとから聞いたのですが、その頃は彼女の人生でどん底の状態だったらしいのです。

何しろ何十年もメイクをしたことがなかった彼女ですから、眉を描くのも人一倍大変だったことでしょう。徐々に眉だけでも描けるようになってきた彼女は、すべてのメイクレッスンを受けたいと言ってくれました。まさかここまで変わるか？　と思うほど、メイクに対して積極的になり、それに合わせてヘアスタイルや着る服にもこだわるようになってきました。

基本レッスンのあとは、僕の集大成であるコミュニケーションメイク®であるカリスマ和美人®塾の三つの顔作りにもチャレンジしてくれました。

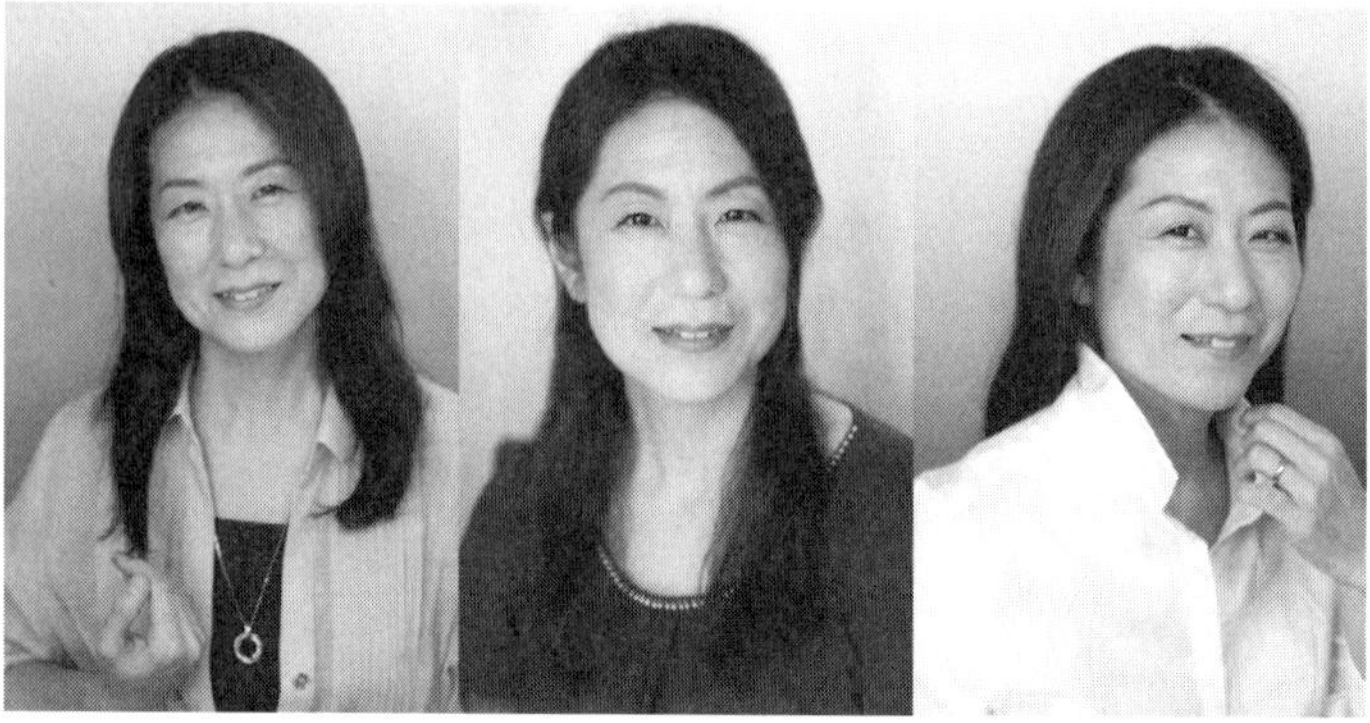

彼女は手タイプ（触覚型）で、雰囲気で勝負する麗メイクが似合うし、落ち着くと言いますが、パーティーに参加する機会も増え、目タイプ（視覚型）の華やかな艶メイクも楽しんでいます。講師の仕事でビシッと決めたいときは、耳タイプ（聴覚型）の凛メイクで挑んでいます。

何十年もメイクをしたことがなかった彼女でも、こうして自由自在に大変身できたことで、本人はもちろん、周りの人たちにも元気や勇気を与えたことは間違いありません。

もともと人前でお話しする日本語教師の仕事をされていたのですが、こうして見た目がどんどん変わることで、周りからの反応もずいぶんと変わり、新しい仕事も次々に舞い込んできました。

バディーだったあの頃から長年そばで見させていただいていますが、新しいことにどんどんチャレンジしながら、今では本当に自分らしくキラキラと輝いています。

そんな彼女から感謝の手紙をもらいました。

＊＊＊

あのとき、少しのアドバイスを聞いただけで心が軽くなり、行動を変えただけで、気持ちが明るく、足取りもかろやかになった。

こんな自分が変化したことに、だんだん自信が出てきて、自分の可能性をもっと信じようと思った。ずっと自分が嫌いだったけれど、今は自分が大好きって言えます。

今はとても嬉しい、幸せな気分。そして周りの人にありがとう！　って伝えたくなった。

シアワセな気持ちをみんなにも伝えたいと思った。本当にありがとう！

目タイプの全盲シンガー大嶋潤子さんのチャレンジ

いつものように朝を迎え、目が覚めたらグレー一色の世界だった。あまりにも突然、目にマスクをされ、そのマスクはもう取れないという状況を把握するまで、かなりの時間がかかった。

こんなとてつもない変化を乗り越え、「不屈の精神」を発揮された僕の尊敬する友達、大嶋潤子さんをご紹介します。

三二歳で突然失明、生まれてくる子供のために自分に何ができるだろうか？　そんなとき、心のスクリーンにハッキリと黒い文字で「不屈の精神」と見えたと言います。

そんな彼女からアドバイスをもらいました。というのも、障害者の方々を対象にしたメイク講演会での話の内容を考えていたので、質問させていただいたのです。「潤子ちゃんに聞きたいのだけど、普段のスキンケアや化粧への思いなど、失明されてから実際はどうしているのか?」と。

以下はその答えの全文です。失明されているとは思えない文面です。

＊＊＊

大好きな秀さんへ、わあ、お久しぶりです! 嬉しいメッセージをありがとうございます!

おかげさまで、何とか生きながらえております(笑)。本当に月日の経つのはあっという間ですね。おお、秀さん、それは素晴らしいご依頼ですね! そして大嶋の顔を思い出してくださり、本当に嬉しいです。

はい、以下質問にお答えいたします。

日頃のスキンケアの考え方、肌は体内の健康状態と心の健康状態が表れると考えています。

食事と睡眠のバランスが崩れたり、心に問題を抱えていると、肌は荒れやすくなります。

早寝早起き、生活のリズムを整えた上で、次はお手入れです。何でもそうですが、メイク前の土台が肝心と考えています。朝は石鹸を使わずに洗顔し、化粧水とオイル。これらはケミカルフリーの大変シンプルなものです。家にいるときは、これにBBクリームだけです。

外出時は自分でメイクをします。日焼け止め、下地、きめの細かいパウダー、固形のファンデーション。

最も難しいのは、眉です。これは月に一回程度、近所の化粧品屋さんで整えてもらいます。左手で眉毛を触り、右手にペンシルを持って眉毛の上をなぞるように描く。

アイホールに薄いベージュの陰影を指先でつける。アイシャドーは、どんな服にも似合うよう、ブラウン系をつける。カーラーでまつげをカールし、透明または黒のマスカラをつける。黒のマスカラは細長いものが使い易い。他につけたら大変なので、集中して行う。

チークはピンク系。つけたあと、指で伸ばす。

口紅はスティックから直接塗り、ペンシルで輪郭だけ描く。

夜の洗顔は丁寧に行い、化粧水、オイルの他、シェアバターを薄く塗っておく。寝るときは、シルクのアイマスク、シルクのマスク、シルクの靴下を履く。シルクは肌に良く、ツルツルになる。

困っていること。舞台用の華やかなメイクが自分ではできない。服に合わせた色を使いたいが、数が増えると管理が大変。その他外出のときは冬でも日傘。日焼け止めも必ず塗る。ボディーも顔と同じように丹精込めて手入れをする。

こんなところでしょうか。また気づいたことがありましたら、ご連絡しますね。乱筆乱文、お許しくださいますように。

もう一つありました。肌を若々しく保つのに有効な手段です。それは顔筋トレーニング。歌に必要な顔筋を毎日意識的に動かしてつねに軟らかくしておく。最初はわからなかったのですが、どうもこれが肌にいいようです。他のところの筋肉同様に、自分で動かすことがポイントです。たぶんこの筋トレのおかげだと思うんですが、笑顔が素敵とか、シワがなくてキレイとか、嬉しいお褒めの言葉を頂戴することが多いです。

本日の投稿にも書きましたので、お時間ありましたらご覧くださいますように。

秀さんに撮っていただいた宝物写真も載せちゃいました！　以上、参考になりましたら幸いです。

＊＊＊

内容もさることながら、これだけの文章をどれだけの時間をかけて懇切丁寧にお書きくださったのだろうと思うと、胸が熱くなりました。

文章中にもありましたが、困っていることとして舞台用の華やかなメイクが自分ではできない。服に合わせた色を使いたいが、数が増えると管理が大変だと。

それを克服するために、のちに僕の個別メイクレッスンを長時間にわたり何回も受けていただきました。彼女は目タイプ（視覚型）で、見た目で

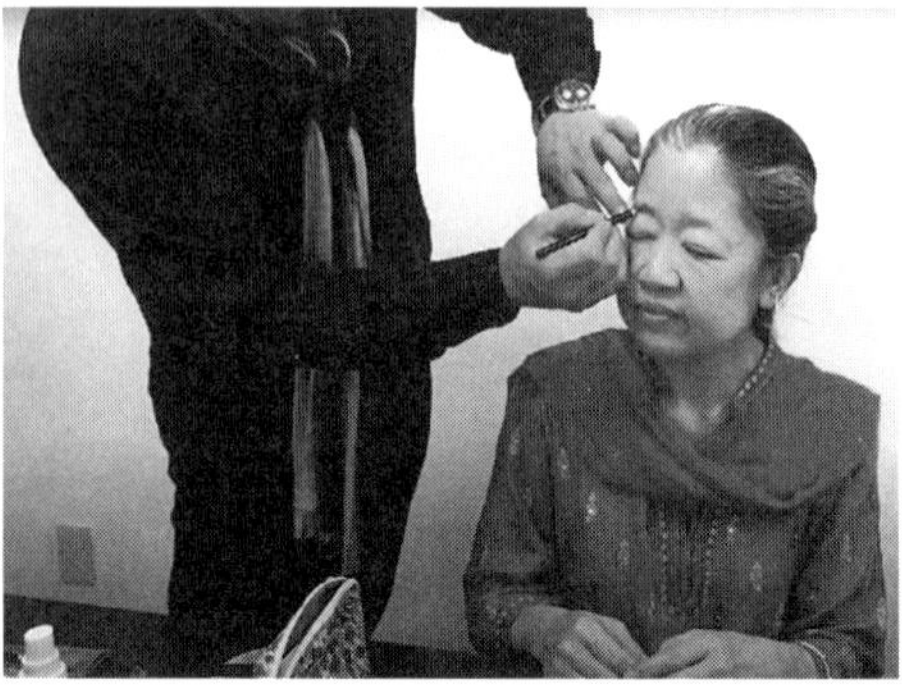

第4章
本当に人生が変わった女性たち

勝負の華やかな艶メイクが好きで、本来なら自分の目で様々な色を楽しみたいはずなのです。皮肉にもその色が見えなくて残念だと思っていた僕に対し、彼女は色物を入れる箱（仕切りで工夫して）に点字で印《しるし》をして、服に合わせてメイクする工夫を楽しんでいたのです。

視覚という感覚に頼れなくなった彼女が、触覚、聴覚をフルに使い、ますます研ぎ澄まされていく超人的な能力を目の当たりにしながら、心の目でメイクしている彼女の姿に僕は、感動しました。

彼女のメイクの姿を見ていると、「三つの顔を作るぐらいは、本当に簡単だよ！」っていうことを皆さんに伝えたくなりました。

彼女は今、歌手として活躍中です。夢は東京パラリンピック・セレモニーの舞台に立つことです。皆さんもぜひ応援してあげてほしいと思います(http://ashaoshima.web.fc2.com/concept.html)。

三つの顔でハッピーミラクルを起こした竹田悦子さん

自分の個性を知る！　とはどういうことでしょうか？　僕は「ひまわりはひまわり、コスモスはコスモス、ひまわりはコスモスになれない」ということだと思っています。コスモスがひまわりやバラに憧れたところで、コスモスの茎からひまわりやバラの花は咲きませんよね。

それでも、人間はあれもこれも欲しいとイメージすることが大好きですよね。だから人間は、周りの人の顔に憧れ、自分にないものを求めて無理をしていることが多いですよね。

自分にないものを求めることは、決して悪いことではないと思います。でもその前に自分にある軸になるもの、花で言うと茎、その本質を知っておくことが大切だと思っています。

僕のカリスマ和美人®塾を受講してくださった竹田悦子さんが語ってくれたこと。それは、「自分にないものばかりを求めすぎて無理をしていた自分に気づけて良かった」ということでした。

その人らしさというのは、人の数だけあります。でも、それらを細分化して説明するのは簡単なことではありません。

だから美容業界では、顔タイプ別に分けたり、カラー別に分けたり、体型別に分けたりして、○○カテゴリーの中で、その人に安心の持てる○○らしさを提供しているのです。


僕も今まで、その人にお似合いのメイクをいろいろと探求してきました。輪郭やカラー、体型や雰囲気、年齢層、職業などに応じたお似合いメイクというものをいくつもご提案してきました。

そして行き着いたのは、みんなが憧れているものの「いいとこ取り」をしよう！という発想です。

三つの脳タイプ別に分けて、本来の自分のタイプを知り、その自分にないもの、憧れに対しても、想像しながらしっかりとカタチにしてしまおう！ということです。

そうすれば、その人らしさや魅力を、どんどん増幅させていけると思っているからです。

あなたに最も似合う○○らしさというのは、もしかしたら、この花の中で生きていきましょう！　というように世界が狭められている感があるのです。

ひまわりはコスモスになれません。バラにもなれません。でも、もしなれたらどんな感じでしょうか？　そう思ってみたり演じてみるのは間違いではないと思います。

本来は耳タイプの竹田悦子さんですが、目タイプや手タイプに憧れ、その雰囲気も持てるようになってから、とっても幅が広がったと話されています。

そして三つの脳タイプの顔を作ることに理解

が深まり、つきつめていけば、自分らしさのメイクはこれだというところに落ち着いてくると思います。

そのときには、もう周りへの憧れや比較という不安や迷いの感覚もなく、自分らしく咲くという感覚になっていると思うのです。

最初は、ないものにどんどん憧れ、どんどん比較してみて、その結果として、自分にあるものを再認識し、迷いがなくなり比較もしなくなる確固たる自分らしさを発見できるのです。

新しいことにチャレンジしたり、より行動的にもなり、そして何よりも本人の魅力が三倍速で広がり、人々を惹きつける求心力というものが大きくなったと感じています。

ハッピーミラクルアーティストとしての益々のご活躍を期待したいと思っています。

「キツイ!」から、「可愛い!」と言われるようになった瀧口麻湖さん

個別メイクコンサルを受講した瀧口麻湖さんから、「キツイと人から言われるので、可愛いと言われたい」と相談を受けました。

初めて会ったときの印象は、かなり派手目のメイク、ファッションで、華やかな方だなぁ〜と感じました。彼女を分析した結果、見た目通りの目タイプ（視覚型）でした。

とくにメイクの仕方が派手で、眉がかなり上昇的なシャープ眉、アイラインもかなり強めに引かれていました。もともとパーツがハッキリされているので、すべてを強調するからきつく見られることを説明し、最も印象がきつい眉のデザインを変えました。

太め、水平のナチュラル眉です。つまり手タイプ（触覚型）への変身を提案したのです。服装もビビットな色から柔らかいテイストのものに変えました。

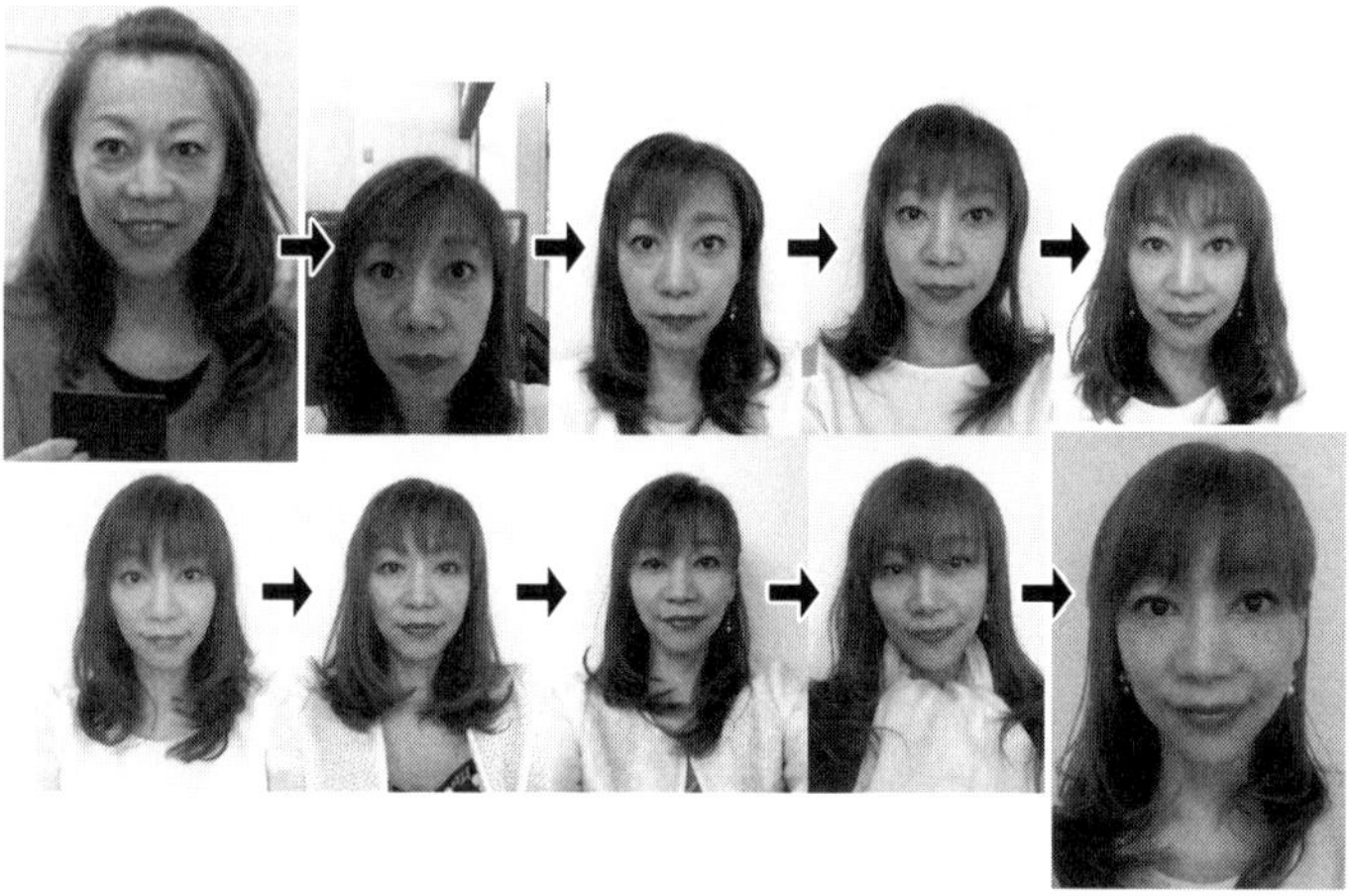

三つの顔のメイクを体験された彼女は、アフターフォローの期間中、北海道から毎日、レッスンした写メを送ってくれました。細かなことは、パソコンで修正をかけ、アドバイスして送り返しました。彼女はどんどん理解を深めて上達していきました。

今では、キツイと言われていたメイク方法を手タイプのメイクに変えつつ、目タイプの華やかな色のリップとバランス良く組み合わせながら、自分らしさのメイクを上手に楽しめるようになりました。

「可愛くなった」「優しくなった」「柔らかい雰囲気になった」と周りからたくさんのお褒めの言葉をもらうようになりました。

親のトラウマメイクから解放されたTさん

とっても雰囲気が和らげで、親しみやすく、どう見ても手タイプ（触覚型）だよね〜って思える方の中に、メイクは全体的に柔らかいのに、眉メイクだけがとにかく鋭くシャープな人がいます。鋭いというより隙がなく、完璧！と言えるほど、クールに決めて凛としているのです。とくに眉尻のタッチがしっかりと細く描かれている。メイク全体のバランスからすると眉メイクだけが目立っているのです。力んでいるのです。

最初お会いしたときのTさんもそんな方でした。JMAN（ジャパン・メイクアップ・アーティスト・ネットワーク）のメイクの日のイベントで、モデル協力してもらったときにその旨をお伝えし、眉を太く、柔らかく調整させてもらいました。

その後、コミュニケーションメイク®の脳タイプ別メイクのことをお伝えしました。前述したように、三つの脳タイプがあって、各自基本的に、したいメイクの傾向があります。

でも違う脳タイプの親の影響を受けたりすると、本来自分がしたかったメイクとはまったく違う傾向に、知らないうちになってしまっていることがあります。そのことに本人は気づいていません。

とくに眉のカタチや力の入り方は、内面を表している場合がほとんどです。背伸びをし、頑張らなければ！　というプレッシャーからそうなる人も多いのです。

本人は気づかずに大人になっていくのですが、その原因は幼少期まで遡《さかのぼ》ることが多いのです。

本来なら雰囲気を重視する手タイプの人のメイクは柔らかく、ナチュラルな眉が心地よいものなのですが、ご両親が耳タイプ（聴覚型）の場合、細かなことにも理路整然と完璧を求める傾向があり、幼少時代にその影響を受けたことによって、自分も耳タイプの人のような賢くて完璧な大人にならなくては！　と知らないうちに親の期待に応えようと頑張りすぎてしまうケースがあります。親に褒めてもらおう、親に受け入れてもらおうと子供心に従順になってしまい、その思いがメイクの傾向にも出ていることがあるのです。

自分は親と違う脳タイプだということを知り、関係性を俯瞰《ふかん》できれば、今まで固執して頑張りすぎてきた自分から解放されます。

自分らしくメイクする、すなわち親のためでなく、自分のために、自分らしく生きるという道が開けるのです。

以下は、Tさんが書いてくれたブログです。

＊＊＊

秀さんのセミナーであるコミュニケーションメイク®のお話は人の本質を捉えた内容であり、私自身も自分の本質を暴かれたようなちょっぴり恥ずかしい気持ちに。

頭でいろいろと考えるタイプの人間だと思っていましたが、本当は心で感じ雰囲気を大切にし、人のためにつくす触覚が敏感な人間だそう（笑）。そんな健気なタイプだったとは……w

「いろいろ考えるようになったのは『お父さんの影響』だね」、そう秀さんに言われたとき、何だか本質を見抜かれたような一番痛いところをつかれた

ような……泣きそうになりました💧
何の泪だろう。
「これまでよく頑張ってきたね」って言ってもらえた気がしたのかもしれない💧
自分の本質を知って、でもそれを理解して使い分ければいいそうです。やっぱり秀さんと会うと元気が出る。笑顔になれる。ワクワクする。すごいチカラだ♡☆☆

人生が変わった女性たちの共通点とは？

眉一ミリを変える、メイクを変える、思考パターンを変える、生活パターンを変える、会う人を変える、そして人生を変える。たとえ小さなことでも〝変える〟

を選択したならば、その選択を習慣化しなければ結果は出ません。

人生が変わった女性たちの共通点は、何度も言うようですが、やっぱり素直さなのです。相手が年下だろうが年上だろうが、役職やライセンスを持っている・いないにかかわらず、聞く耳をしっかりと持っています。赤ちゃんや子供たちからも貪欲に学ぼうとしているのです。

年齢を重ねるにつれて、自分の感性が鈍っていないか？　わかったふりをしていないか？　人に対して横柄《おうへい》になっていないか？　自我が強く出ていないか？　執着していないか？　自分の価値観に縛られていないか？　心が固まってしまっていないか？　などと、ささいなことに対しても謙虚です。

こんなに素晴らしい人たちなのに、どこまで謙虚なのだろうかと、こちらが感心させられます。

そして、いいと思ったことに対しては貪欲に吸収して、しっかりと自分のものにしてしまおうとする努力を怠りません。毎日コツコツと、小さなことを積み重ねる大切さをよく知っています。周りに自慢することなく、一見涼しい顔をしていながら、見えないところでの努力を怠りません。努力の成果をひけらかすこともしないのです。

つねに自分の人生について、自問自答している、内観しているというイメージがあります。

自分の人生は、自分で変える。誰かに頼り、依存して、変えてもらえるものではないことを、しっかりと認識しています。

それから**「自分のことを大好きになる」「大好きでいる」**ということです。自分に対して否定的にならず、発する言葉にもポジティブな選択を意識しています。

自己肯定感が強く、自分を大切にできることで、心にもゆとりができて、人に対しても優しくなります。だからこそ自分の周りにも、愛にあふれている人が多くなるのです。

年齢に関係なく、いくつになっても素直であり、謙虚であり、コツコツとした努力も怠らず、自分を大切にし、他人にも優しい。

そんな人が人生を変えていくのだと思います。

第5章

より美しく、幸せになるためのヒント

三つの顔を持つと魅力の可能性が広がる

なぜ、僕が三つの顔を作るメイクを考案したのか？　なぜ二つや四つや八つでなく三つに分けたのか？　それについては、第1章でも少し述べましたが、まず、①シンプルでわかりやすい、②人間の思考を大きく分けると脳タイプが三つある、③しかも生活のシーンを大きく分けると三つに絞れる、ということからです。

それとは別に、三という数字には不思議な力があると思っています。

まず僕たちは二次元ではなく、三次元に生きています。顔も立体的に作るという意味では三次元です。つまり縦・横・高さの三方向に空間が広がっているのです。そのことをしっかり意識するのがメイクを楽しむコツでもあります。

もう一つ、奇数は偶数のようには割り切れず、「縁が切れない」ことを連想させるために日本では好まれていますし、最初の奇数である一と、最初の偶数である二を足し合わせた三は、「御三家」「ベスト3」などと、「おめでたい、偉大」という意味を込めて使われる数字です。

そこで、三つの脳タイプ別に、それぞれの思考パターンによる傾向値をメイクに落とし込んで、一般の方々にもハードルが高くならないように、最も大きな印象差を作るテクニックを凝縮して三つの顔を作るようにしました。

物事は、対比することによって、その特徴や本質がより理解しやすくなります。メイクも対比するものがあるほうが、あなたの心にしっくりくるメイクがより理解でき、ありがたく感じるのではないでしょうか？

今の自分に最も似合うメイクは何か？　と、一つだけを模索している人が多いと思いますが、その対比となるものも含めてメイクを考えたほうがいいのです。

そういう意味で僕は、本来自分の持っている脳タイプメイクが一つわかったとしても、さらに他の二つのタイプのメイクもできること、すなわち三つの顔を作れるようになることが、とても重要なことだと言いたいのです。

三つの顔を作るということには、他の人の脳タイプと仲良く付き合え、コミュニケーションをうまく取って、良好な人間関係を構築するためにも、大きな効果を期待できるのです。

もしも、世の中にミカンとリンゴとバナナの三つしかないとして、これから一

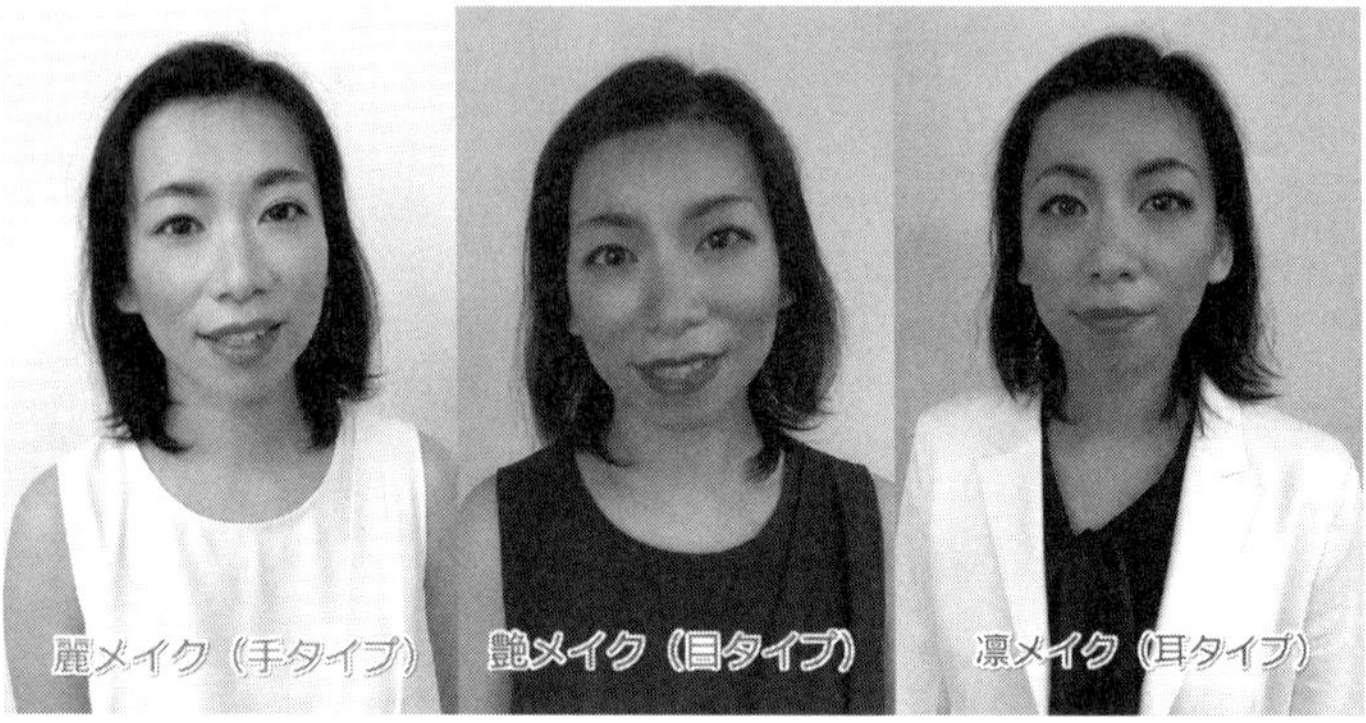

生そのうちの一つしか食べられないとしたら、どれを選びますか？　あなたがミカン派なら、「ミカンに決まっているでしょ！」と、リンゴ派やバナナ派に訴えたくなるでしょう。各自の理論を繰り広げ、喧嘩《けんか》が始まるかもしれませんね。

一つしか選べない限定性の世界では、他を除外するしかないわけです。だから三つとも食べられるような環境にしておきましょう！　つまり**三つの顔を作って、相手の思考も取り入れる余裕を持っていきましょう**と言いたいのです。

そして、三つの顔を作るという意味において、もう一つ大切なことがあります。

この脳タイプという気質は、生まれ持ったもののの傾向値です。もし、あなたが手タイプ（触覚型）の傾向が強い方だとします。しかし生い立ちや周りの大人たちの影響、環境のせいで、手タイプだった思考や言動などが、目タイプ（視覚型）や耳タイプ（聴覚型）の傾向に変わってきている場合があります。つまり知らず知らずのうちに、潜在意識の中で我慢を強いられている場合もあるのです。

メイクの場合なら、雰囲気のある柔らかいメイクが好みだった手タイプのあなたが、耳タイプの上司に「もっと凛としなさい」と言われ続けていると、知らないうちに無理やりきついメイクをしている場合があります。

また、もしあなたが華やかな色を使うメイクが好みの目タイプであったとして、「もっと大人しいメイクにしなさい！」という手タイプのお母さんに言われ続けていると、知らぬ間に地味なメイクになってしまう場合があります。

特筆すべきは、どちらもあなたの意図とは別に、潜在意識の中で相手の好みに合わせるようにさせられていることです。だからこそ、本来の自分を取り戻すためにも、三つの顔を対比しながら、「本当の自分はどれ？　本当にしたいメイクはどれ？」と、自分の感情に訴えかける必要があるのです。

この三つの顔の意味を客観的に理解することができると、自分で自分をコント

潜在意識にアプローチする
池端式コミュニケーションメイク®
たった3つのメイクが無限の可能性をつくる!

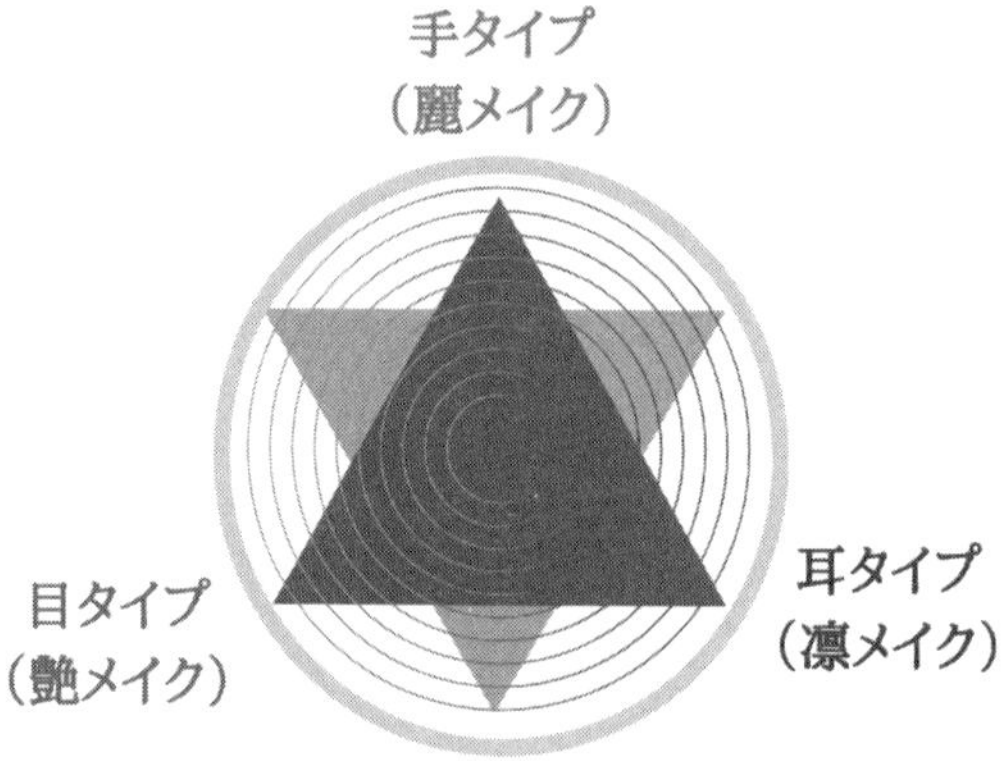

ロールできるようになります。

図解すると、あなたが手タイプだとして、手タイプ(麗メイク)を頂点に持ってきて、目タイプ(艶メイク)も耳タイプ(凛メイク)もできるようになると三角形ができます。今まで点でメイクを見ていたものが、面で見えるようになり、三角形という安定したカタチになります。

それができるようになると、手タイプ(麗メイク)と目タイプ(艶メイク)の組み合わせのように、おのおのの組み合わせによるメイクが実現できるようになります。つまり逆三角形ができるのです。

そうすると、一つのメイクを基軸に、星形になるような六つのメイクができるようになります。ここまでくると、星のように輝き出すスターになれるのです。あとは、輝きを放ち続けるために、円を描くように六つのメイクのバランスを取りながら、毎朝あなたらしく選択したメイクを楽しむことができるのです。

このように、最低三つの顔を作ることでメイクノウハウが身につくのはもちろんですが、**自身の潜在意識にアプローチでき、本来の自分の中にある魅力の可能性が無限に広がっていく**のです。

たった三つの顔メイクで人に愛される

先ほどお話しした、ミカンがいいか？　リンゴがいいか？　バナナがいいか？と同じように、どのメイクがいいのか？　それは、人それぞれ脳タイプや性格によって違います。その違いを認め、その違いに対して争わず、戦わず、受容していく余裕を持つことが大切です。

今まで自分がいいと思っていたメイクでも、実は周りからはいいイメージに見られていなかったかも？　そんなことが三分の二の確率であり得ると思うことが大切だということです。

だから、三つの脳タイプすべてを自由自在にメイクし、変身できるようになったら「いいとこ取り」ができる！　ということです。魅力の幅も三倍以上に広がります！

例えば、プロのメイクアップアーティストに、大変身メイクをお願いします！と言えば、誰だかわからなくなるほど大変身できますよね。舞台や映画などを見ればわかりますが、いくらでもお望みどおりの役柄に変身できます。これがもし一般の方でも自分でできたら、すごい！　面白い！　楽しい！　と思いませんか？

プロのアーティストのメイク技術や心理面をうまく活用し、ノウハウを凝縮したのが、この三つの顔を作るメイクレシピ・トレーニング法です。

あなたがもし明日から女優になったとして、役柄に応じた演技やメイクができ

脳タイプ別に３つの顔を作り
潜在意識にアプローチするメイク術！

就活メイク

同じ人でも雰囲気は
まったく違いますよね。
性格も違って見えませんか？

るとしたら嬉しくないですか？　すごいことだと思いませんか？

三つの顔を作れるということは、ある意味、そのイメージに応じた思考や言動、つまり役柄になっていくということでもあります。三つの顔を作れば、あなたの潜在意識が勝手に、そのメイクに応じた思考傾向を意識しようとします。これが、僕が提唱している「自分が自分とコミュニケートして可能性を広げていく」コミュニケーションメイク®です。

つまり顔が変わると思考が変わる、思考が変わると性格や人格が変わる、そして出会いや運命が変わり、人生が変わる！　と断言する所以です。

今まで一つだった魅力が、三倍にも増えていくとなれば、その変化ぶりにあなたの周りは放っておきません。魅力的な人の周りには必ず人が集まります。あなたは一躍人気者になっていくはずです。

家族の華になって、子育てにも活かす

私事ですが、実は父子家庭一七年の経験があり、娘二人を育ててまいりました。といっても、起業してからの大変なときだったので、両親や弟夫婦など周りの協力のおかげで何とか無事に育てることができました（その後、再婚しました）。
今思うと、もっと早くこの脳タイプ別の特徴を知っておけば、親子の会話の仕方も対応もずいぶんと変わっていたのかもしれません。
僕は目タイプ、長女は耳タイプ、次女は手タイプと、みんなそれぞれに違います。何でここまで違うのだろう？　と子育て中に悩み、口喧嘩をしていろいろと

ぶつかり合うことも多かったのですが、それだけ親である僕がしっかりと子供のタイプを理解できず、冷静になって会話ができていなかったということです。

せっかち時計の目タイプの僕は、ついつい自分のペースで子供たちを慌てさせ、プレッシャーや威圧感を与えたり、お金の面では損得勘定的な言葉がついつい前に出て、子供たちをイラッとさせていたと思います。

やはり親子関係といえども、それぞれ脳タイプに応じた自分のペースや価値観があり、それをしっかりと尊重し合うことがうまくいく秘訣だと思います。

耳タイプの長女は、何も考えてないようで実はしっかりと物事を見極め、人の話をよく聞いている賢い子でした。手タイプの次女は、場の空気、雰囲気をとても大切にする優しい子でした。親として、もっと俯瞰することができていれば、子育て中にまだまだ褒めるべき点がたくさんあったように思います。

何かを学習させる場合でも、手タイプは書いたりさせて体感で覚えさせ、キーワードは楽しませる。目タイプは見せて覚えさせ、自由奔放にやりたいようにさせる。耳タイプは、聞かせ、最後まで理屈をしっかりと説明し、時間をかけてでも納得するまでじっくりとやらせる。

同じ屋根の下で生活していても、みんなの時間軸が違うことも理解しておかなければいけないことを痛感しました。

また、父親がメイクをして華になることはできませんが、母親は自分の顔で家族の華になることができます。

包み込むような優しさで子供たちを癒やす手タイプ（麗メイク）、華やかで美しいお母さんを自慢したくなるような目タイプ（艶メイク）、ときには堂々として頼りがいのある賢いお母さんを尊敬したくなるような耳タイプ（凛メイク）。

夫婦関係においても、ワンパターンメイクで旦那さんに飽きられることなく、ときにはドキッとさせるような印象差で、

脳タイプを知っているから、妻ともうまくいく

ギャップのある三つの女優を演じるのも、いつまでもお互いに刺激的でいいのではないでしょうか？

男性は、フィアンセに対しても、いつまでも魅力的であってほしいし、周りに自慢したいものです。もちろん逆も言えますが。

職場の華になって、業績を上げる

自信のなさや、やる気は必ず顔に表れます。皮膚と脳は表裏一体です。つまり顔は脳と連携しています。元気で自信のあるメイクを顔に施すことができれば、脳はパッと元気になり自信がみなぎります。何よりも穏やかな気持ちになり、周りに優しくなります。

逆にお顔や身だしなみに無頓着になって、美意識が欠如すればするほど、脳は落ち込んでいきます。脳は美しいもの、キレイなものが大好きなのです。これは、お顔やメイクに限らず、掃除の行き届いた美しい職場ほど元気なのと同じです。

たとえ職場の空気がどんよりとして淀んでいても、たった一人でも女性が元気

に自信を持ったメイクで華になっていくと、瞬く間に明るい雰囲気は良い方向に伝染していきます。

闇の中でローソクに火が灯されたようになっていきます。そのローソクの灯りが他の人のハートにも火をつけていくのです。男性が得意げによく口にするような理論理屈ではないのです。

眠くなりそうな難しい自己啓発研修をするぐらいなら、女性が美しく、キレイになる体験をしたほうが、理屈抜きで嬉しいし、やる気になるものです。男女差別ではなく、誤解のないようにお願いしたいのですが、「女性は華になるために生まれてきた」と言っても、過言ではないと思います。美しく咲いた花を見て人々が心癒やされて元気になるように、その花も見られて嬉しいはずなのです。女性には、家庭や職場、地域で華になる役割があるし、その役割こそが、本人の自己存在感や幸せ感を高めることに繋がると思います。

「メイクぐらいで」と思う男性もまだまだいるかもしれませんが、今までたくさんの男性管理職の方からの依頼で、女性を元気にするモチベーションアップ、自己啓発企業研修を行ってきました。生命保険会社、金融関係、学校の先生、保育士さん、そのほか異業種の企業の研修を担当させていただきました。そんな中で、メイクが業績アップに繋がるということをたくさん実感してきました。その流れがこちらです。

自信のないメイクをしていた人
↓
自信の持てるTPOに応じたメイクができるようになる
↓

周りにも好感度アップ、自信アップ

←

明るく元気になる↓コミュニケーション力アップ

←

集中力・行動力アップ

←

存在感アップ

←

周りが感化される（相乗効果）

←

職場の華がどんどん明るくなる

←

職場の男性も感化され元気になる

←

職場全体のコミュニケーション力アップ

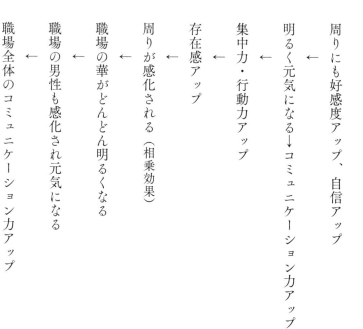

←業績アップ

以下は、あるテレアポの企業で研修させてもらったときの代表からのメッセージです。

＊＊＊

同じ繰り返しのオペレーション作業の中で、いかにお客様に対してモチベーションを上げられるかがプロの仕事としての真価を問われる。

私たちは、ロボットじゃないんだから、人として、温かみのある対応を心がけるためにも、職場で働く皆さんにも、少しでも幸せな時間を提供したいとの思いです。

皆さんがこのメイクセミナーで、ほんの少しでも、元気に明るくイキイキと楽しく働いてもらえたら……

そのあとで行った僕の講話内容です。

＊＊＊

女性のメイクは、人間関係をスムーズにするコミュニケーションツール、そして、自身の第一印象をアップさせる表現能力でもあります。人間は皆、どこかでマンネリ化する動物。だからこそ、誰かに刺激をもらう、プラスのストローク（働きかけ）を職場の仲間同士で掛け合うことで、全体の士気が高まるものです。

化粧の与える影響は自分一人だけのものではなく、職場仲間に、家庭に、地域に、知らず知らずのうちに、与えているものです。女性に生まれた限りは、誰かのための華になる！　そんな使命があるものなのです。

ご自分の化粧方法に自信を持っている方は少ないですよね。例えば、自分に合っている化粧かどうか？　色味はどうか？　眉は？　そんないっぱいの不安を抱えながら、日々に流されながら化粧をしている。

コミュニケーションメイク®は自分自身との対話から現状を考え、周りの人に好感を持たれるメイクで自信を育むこと。

皆さんは仕事のとき、相手の顔が見えないけれど、想像するためにパソコンの横に手鏡を置き、ときには自分の顔を見ながら会話してほしい。

日頃の小さなスキンケアが肌の老化を防ぐように、繰り返すささやかな心のこもった行動がプラス効果を生み出し、皆さんの声が○○会社の顔になるのです。

魅せ方のプロになる!

よくテレビで一般の素人の方が、プロのヘアメイクやスタイリストさんに大変身させてもらう番組があると思いますが、あのギャップに本人もご家族も視聴者も感動するんですよね。

もしあなたが、今までワンパターンのメイクで過ごしてきたのなら、これからは魅せ方を研究して楽しんでほしいと思います。魅せ方としては、相手を意識す

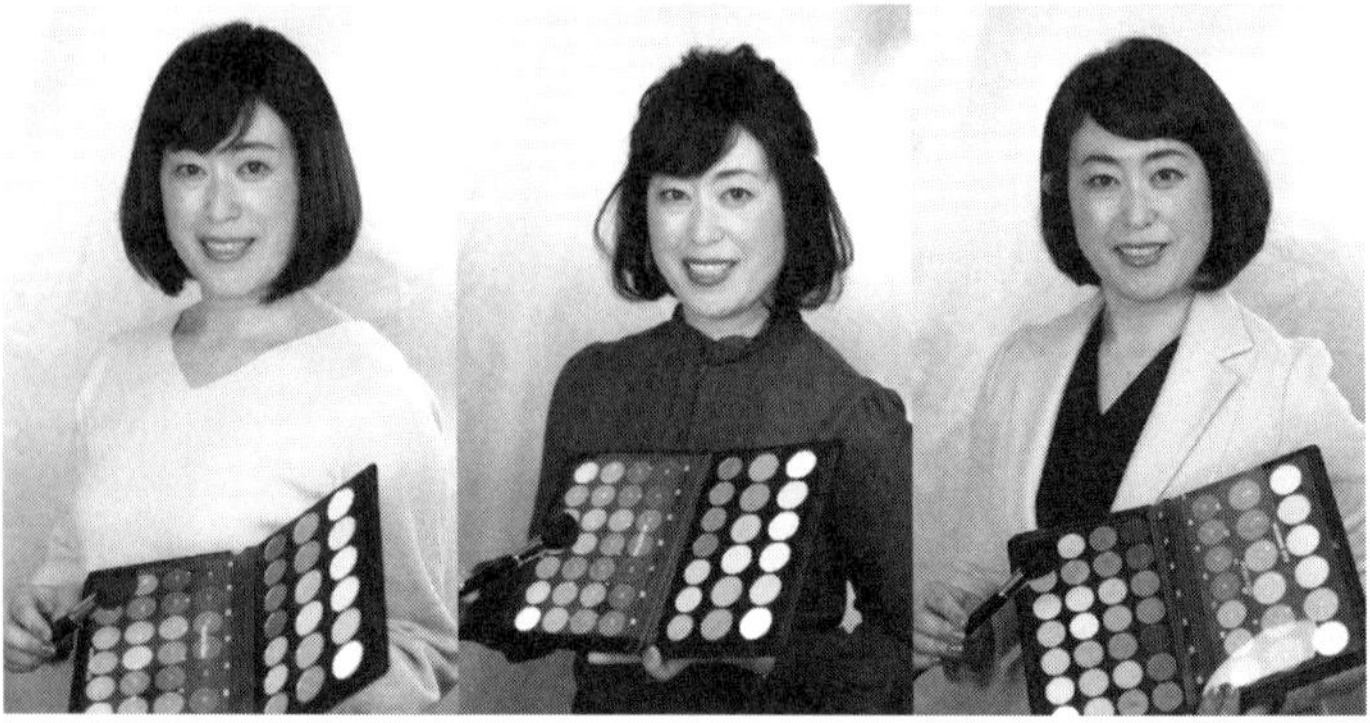

手タイプ（麗メイク）　目タイプ（艶メイク）　耳タイプ（凛メイク）

ることが一番大事なことです。

最低三つの顔を作るメイクができるようになったあなたは、この印象差のギャップを表現できるということです。「自分の手でプロ並みに大変身させられる！」と思って、自信を持ってやってください。

そして、まずはコミュニケーションの基本レッスンとして、相手の脳タイプに合わせたメイクで対応してみてください。最初は彼氏や夫、仲の良い友達に試してみてください。

もし相手が手タイプの人ならば、手タイプのメイクで会ってあげてください。そして相手の反応を見てください。また次回会うときは目タイプ、そのまた次回に会うときは耳タイプと、メイクを変えて、そのときどきの反応を見てください。

あなた自身にも感情の変化が起こると思いますが、相手もあなたを見る感覚が変わってきます。「メイク変えた？　雰囲気変えた？」などと言われるようになれば大成功です。

前述した、「プロに大変身させてもらったときの日頃とのギャップ」が生まれたということです。このギャップの幅がどんどん広がれば、人はさらにあなたに興味を示します。

そして、慣れてきたら相手に、「好きなメイクはどれ？」と聞いて、それをしてあげることです。これが僕の考えているコミュニケーションメイク®、つまり思いやりメイクです。

実は、脳タイプ別に憧れる相関関係があります。手タイプは耳タイプに、耳タイプは目タイプに、目タイプは手タイプに憧れ、好意を抱きやすい傾向があります。

貴方はどの脳タイプ？

どの脳（受信アンテナ）を優先的に使っているか？

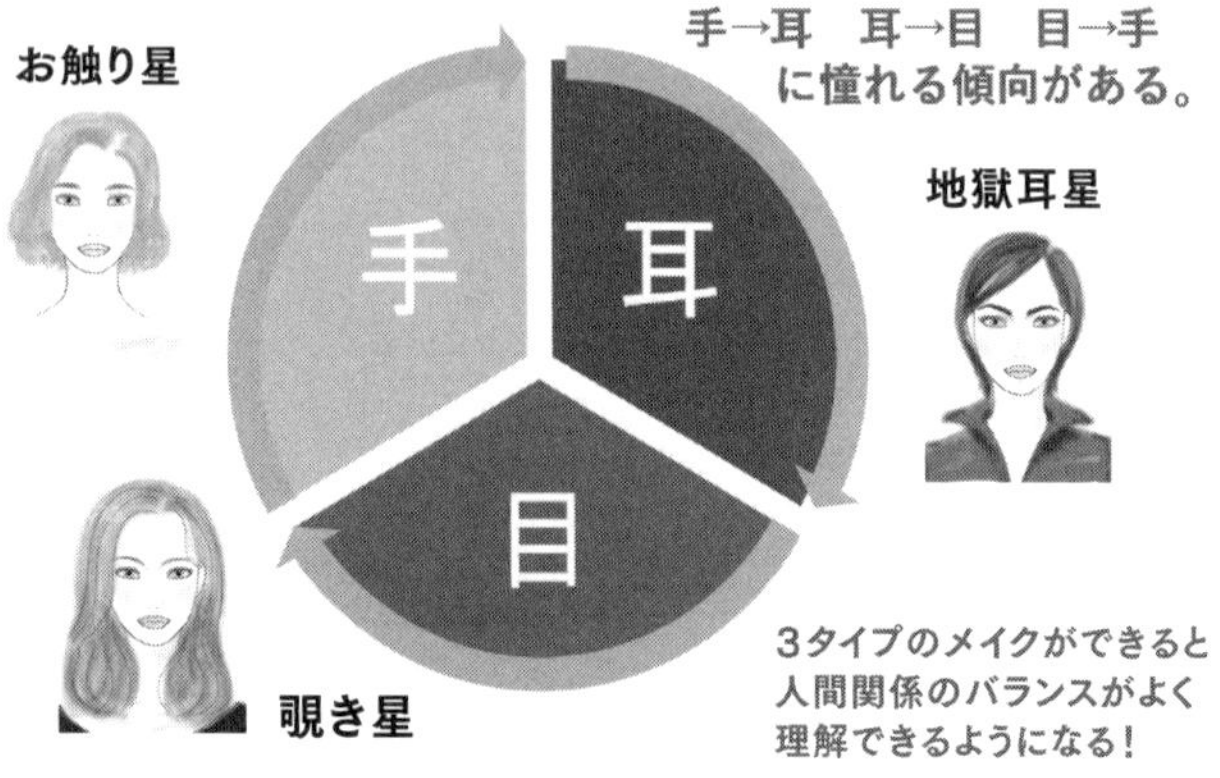
お触り星
手→耳　耳→目　目→手
に憧れる傾向がある。
手
耳
目
地獄耳星
覗き星
3タイプのメイクができると
人間関係のバランスがよく
理解できるようになる！

これは、一対一で会うときの基本的な考え方ですが、これが婚活などにも効果を発揮するのです。お気に入りの男性の脳タイプがわかれば、そのタイプが好きなメイクパターンで挑むということです。私は自分が好きなメイクで行く！という相手を無視したやり方ではなく、相手の脳主体で考えてみてください。そのほうが、好感度が今までより抜群に上がります。

お友達に久しぶりに会うときなどでも、相手のお顔に合わせたメイクで行くと、さらに親近感や信頼感が増すのです。

また、お仕事で大切な契約やプレゼンがあるときには、相手やクライアントの脳タイプがわかれば、タイプに合わせたメイクか、その方が憧れるタイプのメイクで挑むようにしましょう。

相手が男性の場合は、この人に仕事を任せて大丈夫だろうか？ と思われないように、少しは頼りにされるような耳タイプ（凛メイク）の眉を取り入れることもお勧めします。

こんなふうに、一人ひとりの相手に合わせて自分のメイクを考えるというのはとても大切ですが、これを毎日やるというのは大変ですし、普通は複数の人に会うことが多いですよね。

だから余裕のないときは、せめて三つのシーンを考えるといいと思います。

イメージが湧きやすいように極端な例をあげると、お葬式、結婚式、戦闘モードとか。

また、控えめバージョン、華やかバージョン、シックに凛と決めるバージョンとか。

実際にそういうシーンがあるかないかにかかわらず、ときには自分の気分でもかまいません。

そんなふうに、毎日三つの顔のメイクを意識して繰り返していくうちに、自分のメイクのテクニックも向上するし、作業の組み合わせや繊細なバランス感覚もついていきます。

周りは必ずあなたを見ているものです。多少時間がかかってでも、〇〇さんって、「柔らかい雰囲気のときもあれば、華やかできらびやかなときもあるし、寡黙で凛としているときもあるから、すごく魅惑的！」などと言われるぐらいに、「魅力の幅」をどんどん広げてほしいのです。

三つの顔を持つ意味のところでも触れたように、たった三つの顔を作るメイク法ですが、これを循環していくと、普通の人だとワンパターンなメイクに陥るところを、あなたは星のように輝き出し、さらに磨きがかかっていくことでしょう。

もう一度言いますが、人はギャップに惹かれるのです。

幸せは今すでに、このときこの一瞬に

今のあなたを形成しているすべての始まりは心です。その心は今どこに行きたいですか？　どんな顔を作ってどんな自分を演じてみたいですか？

行き先がわからないと、人は皆エネルギーがしぼみます。

人との比較をやめて内なる声に導かれ、自分の理想を高めてほしいと思います。その理想と現実のギャップに否定的になってはいけないと思います。決して嘆く必要はないのです。

そのギャップを埋めるためにエネルギーを注ぎ込めばいいのです。必ず何らかの成果が得られます。

考えすぎたり、思い悩んでいるだけでは何の変化も起こりません。誰かが自分を幸せに導いてくれる！　なんて白馬の王子様を待っていても、幸せはいっこうに訪れません。

さあ心を変えましょう、行き先を決めましょう、行動しましょう。そして、習慣化するまで繰り返し練習しましょう。結果を見て焦るのではなく、その行動をしている過程を見ましょう。うまくいかなかったら、ときに軌道修正をしてまた進みましょう。メイクの神様は、しっかりと一緒になって見守ってくれているはずです。

理想のあなたに近づくまで一歩ずつ焦らずに進みましょう。その頑張っているあなたの過程を賞賛しましょう。

そこにはすでに、いっぱい、いっぱい幸せがあります。

幸せは結果じゃなくて、今このとき、この一瞬のここにあるのです。

あとがき――メイクをきっかけに、真の幸せを掴もう

　この仕事をするまでは、まったく化粧に興味がなく、普通の男性と同じように、「化粧は化けるもの」と思っていました。女友達にも「メイクがうまいね」という表現ではなく、「うまく化けているなぁ」と言っていました。そして化粧師になってからは、「化粧は氣粧で氣笑する！」「化粧、それは過去を隠すための術《すべ》じゃなく、未来の素顔を磨くためのトキメキ心のレッスン！」と掲げています。化粧は、化けて装うものではなく、自分の氣を整え、自分らしく装うことで、本当に心から笑えるようになるものです。自分の欠点や嫌な過去を隠すためではなく、ありのままの自分、そのままを愛して、未来のために磨きをかけていくためのレッスンです。

　日本女性の皆さんに、化粧の力、奥深さをもっと知ってもらい、変身してもらいたいのです。僕も含めて、人はいつからでも変身できるものです。

　化け学という言葉があるように、顔を変えると必ず化学反応が起こります。自分自身の心や周りの反応が大きく変わります。これは、良くも悪くも化学反応が

起こるということです。

その化学反応は、ほんの眉一ミリから始まります。僕自身も、化粧品販売をしながら、眉を描くことがきっかけでプロの化粧師になり、今に至っています。

タイトルを「決め手は1ミリ！　美眉メイク」としたのは、**眉一ミリから顔を変え、心を変え、本当に多くの方々がどんどん人生を変えていった**からです。

そして本書では、脳タイプ別に三つの顔を作るトレーニング法を紹介しました。

これは、今まで美容業界にありそうでなかった発想の内容です。

メイクと心理学とコミュニケーション学と脳科学を融合した内容で、プロのメイクアップアーティストが印象差を大きく変えるためのテクニックを一般の方々向けに凝縮したものです。このやり方でなければいけないというものではありませんが、まずは素直に練習してもらい、慣れてくれば必ずメイクに自信がつき、自分の意思で組み合わせができて、メイクをすることが今以上に楽しくなると自負しています。

また、メイクは人間関係を円滑にする自己の表現スキル、コミュニケーションスキルとして捉えてもらい、人に会うときの魅せ方を意識することでどんどん上手になりますし、初対面の相手とでもコミュニケーションを取るのが楽しくなると思います。

相手のメイクを見て、ファッションや持ち物を見て、会話のワードを拾い出して、脳タイプを検証しながら会話を調整してあげてください。お互いの理解が深まり、信頼関係が築けるでしょう。

この池端式メイクをきっかけに、あなたの魅力が、あなたらしくどんどん開花し、あなたの周りの人間関係がさらに良好になりますように。そしてあなたの人生がさらに光り輝き出すことを心からお祈りしています。

最後になりましたが、本の帯に推薦メッセージをくださった小林照子先生、出版オーディションをご紹介いただき、きっかけを作ってくださった坂田公太郎様と佐々妙美様、長年の夢であった自分の本を世に送り出すという私史上最高の機会をくださったクローバー出版の小川泰史会長、小田実紀社長、編集の田谷裕章様はじめスタッフの皆様、また出版に向けて多くのご指導をいただいた城村典子様、田中孝行様、最終の総仕上げを懇切丁寧にご担当くださった小関珠緒様はじめ関係各位の皆様、参照例、具体的事例に快くご協力くださった皆様、この場を借りて御礼申し上げます。

そして長年、応援してくれた地元和歌山のお客様、全国の受講生の皆様、カリスマ和美人®の皆様、化粧師秀の活動をバックアップしてくださった諸先輩方、ジャパン・メイクアップ・アーティスト・ネットワーク（JMAN）の皆様、サロンを支えてくれたスタッフのみんな、「化粧師秀の元気の出る会」のメンバー、「日本女性を元気にする会」のメンバー、SNS等で惜しみない応援のメッセージをくださる皆様、何よりも粘り強く僕を信じ応援し続けてくれた大切なお友達、弟夫婦、家族、そして息子の成功をずっと祈り続けてきてくれた天国の両親に心から感謝します。ありがとう。

2020年8月1日

化粧師秀

【著者プロフィール】

アーティスト名　**化粧師秀**（けわいしひで）

本名：**池端秀之**（いけばた・ひでゆき）

1964 年和歌山県海南市生まれ。

「化粧師に会えば人生がどんどん素敵に好転していく」という噂の男、平成の化粧師こと化粧師秀。

印象分析を得意とし、印象学＋人相学＋心理学＋脳科学＋コミュニケーション学を融合したコミュニケーションメイク®の創始者でカリスマ和美人®（Wabito）プロデューサー。

トータルビューティーサロンを経営しながら個人の魅力を最大限に引き出すことに定評あり。

美を意識して生きることがいかに健康に大切かを説くメイク健康法や、5 万人以上のサロン顧客、セミナー受講生のお顔を変えてきた経験から「女性が元気になることで家庭が、職場が、地域が、日本が元気になる」自己啓発、印象アップ、コミュニケーションスキルアップセミナー等を 1000 回以上開催している。

女性を応援する企業研修も多数担当。


NHKテレビ、和歌山テレビ、FMラジオ放送、ネットTV番組など多数出演。

近畿理容競技大会ヘアメイクレディース優勝。

日本を代表するメイクアップアーティスト集団JMAN（http://www.jman.jp/）の検定委員、広報委員、メイク普及委員などの理事を務めながら世界に向けてメイク力の普及に力を注いでいる。


またカメラマンや映像製作、ネットTV配信なども展開し、「化粧師秀の元気の出る会」、「日本女性を元気にする会」を主宰。

ヒューマンネットワークを構築しながら、イベント企画を通じ人と人を繋ぐオーガナイザーとしても活躍中。

装　丁／横田和巳（光雅）
イラスト／小瀧桂加
制　作／（有）アミークス
校正協力／永森加寿子
編集協力／小関珠緒、J.discover
編　集／田谷裕章

決め手は1ミリ! 美眉メイク

潜在意識から美しくなる魔法の化粧術

初版1刷発行 ● 2020年9月22日

著者

化粧師秀《けわいしひで》

発行者

小田 実紀

発行所

株式会社Clover出版
〒162-0843 東京都新宿区市谷田町3-6 THE GATE ICHIGAYA 10階　Tel.03(6279)1912　Fax.03(6279)1913
https://cloverpub.jp

印刷所

日経印刷株式会社

ISBN978-4-908033-91-9　C0077